¡CUIDADO CON EL DIABLO!

ROBERT LEE

EDITORIAL Vida

DEDICADOS A LA EXCELENCIA

EDITORIAL VIDA es un ministerio misionero internacional cuyo propósito es proporcionar los recursos necesarios para evangelizar con las buenas nuevas de Jesucristo, hacer discípulos y preparar para el ministerio al mayor número de personas en el menor tiempo posible.

ISBN 0-8297-1876-1
Categoría: Testimonio/Ocultismo

Este libro fue publicado en inglés con el título *Beware the Devil* por Marshall Morgan & Scott Publications Ltd, ahora parte de HarperCollinsPublishers Ltd

Traducido por Francisco Liévano

Edición en idioma español

Deerfield, Florida 33442-8134

Cubierta diseñada por Gustavo A. Camacho

ÍNDICE

PREFACIO

Muchos de los sucesos registrados en esta obra ocurrieron hace más de veinte años. Hay obvias dificultades técnicas para reconstruir una historia después de un intervalo tan grande de tiempo. Las conversaciones, en particular, se hacen borrosas en la memoria. Por tanto, no pueden presentarse aquí en su forma original. Confío en que las adiciones ayuden para que el lector entienda el trasfondo histórico, y que no deformen la verdad. Cambié la mayoría de los nombres de personas y lugares con el fin de proteger a las personas que se mencionan.

Robert Lee

1
EL ESCLAVO

Cuando desperté el martes 11 de abril de 1961, comprendí que ya no podría continuar así.

Busqué a tientas el despertador. Lo primero que toqué en medio de la oscuridad fue un frasquito que contenía píldoras para dormir. Me había tomado tres la noche anterior. Temí que se me podría caer el frasco y romperse, de modo que lo coloqué de lado y proseguí mi búsqueda. Al fin encontré el reloj y lo coloqué frente a mis ojos. Eran las cinco y treinta. Sólo había dormido una hora.

Mientras suspiraba, me pasé la mano por la cabeza y volví a caer sobre la almohada. No tenía idea de cómo iba a sobrevivir ese día, y no tenía la intención de levantarme y comenzarlo. En vez de eso, me quedé acostado con la mirada fija en los oscuros rincones del cuarto. Un farol de la calle lanzaba su pálida luz a través de las cortinas, y destacaba la silueta del espejo oval del tocador. En el lado opuesto, escondido en la oscuridad, estaba el alto guardarropa de caoba que había heredado de mis padres. En el espacio intermedio sólo podía vislumbrar la cama gemela en que dormía mi esposa Joanna. Todo parecía completamente normal, pero, por supuesto, no lo era. Ya en mi vida no había nada que fuera normal.

— Estás perdiendo el tiempo — dijo una voz.

No se había movido nada. Ninguna otra persona estaba en la habitación.

— Déjame tranquilo — contesté con voz quejumbrosa.

— El adiestramiento tiene que comenzar de inmediato.

— Mira, ¿no puedes ver que el agotamiento me tiene casi muerto? No puedes esperar que trabaje para ti, si no me das nada de descanso.

Hubo un sonido como si alguien estuviera chasqueando la lengua.

— A Dios no le va a gustar eso. A Él no le gusta que se demore el adiestramiento.

— No me importa el adiestramiento — dije siseando y tratando de mantener la voz baja —. No me está aprovechando en lo más mínimo. En lo que a mí respecta, Dios puede olvidarse del adiestramiento y dejarme tranquilo.

— ¿Quieres decir que no deseas tener poderes milagrosos de sanidad? — preguntó la voz con un tono de calculada perplejidad.

— Sí, por supuesto que sí — dije vacilante —. Pero ¿qué garantía tengo de que alguna vez me los vas a dar?

— Tienes que confiar en nosotros.

— ¡Confiar en ustedes! — respondí airado —. Ustedes no merecen mi confianza. Nada de lo que me han dicho sale bien. La semana pasada me dijeron en la oficina que la madre de Phyllis había muerto. Cuando le pregunté a Phyllis, me respondió que no sabía de qué hablaba yo. La gente está comenzando a pensar que estoy loco. Mi familia piensa que estoy loco. Todo un año he confiado en ustedes, ¿y qué he logrado? Absolutamente nada. Sólo obtengo mayor sufrimiento.

Suspendí la conversación. Pude oír que Joanna se movía. Me llamó.

— Robert.

De inmediato hubo silencio. Pensé que tal vez ella estaba hablando dormida.

— Mira, por favor — continué con un susurro reprimido —. Ya es suficiente. Sé que dije que haría todo lo que ustedes ordenaran, pero hay límites. No resisto más. Díganle a Dios que lo siento. Suspendo el contrato.

— No puedes hacer eso.

Me aguijoneó la brusca negativa. Había conocido hombres en el trabajo que habían tratado de hacer eso, y sabía como manejarlos.

— Entonces, me desharé de ustedes — dije, con un fogonazo repentino de ira.

Yo no hablaba en serio. Hacía tiempo había aprendido que la resistencia era vana.

— ¿Te desharás de nosotros? — preguntó la voz.

No demostraba ansiedad, sino una sorpresa levemente burlona. Me maldije por haber hablado así, y esperé la represalia. No demoró. De repente, un agudo dolor se apoderó de mi espalda y, con una fuerza increíblemente poderosa, me clavó en la cama.

— ¿Te desharás de nosotros? — volvió a preguntar la voz.

Me encontraba luchando débilmente. El ataque físico no era nuevo. En los últimos meses había ocurrido de vez en cuando, y aún más en los días recientes. Pero el dolor no había sido tan severo, ni tan irresistible la fuerza que me mantenía derribado. Sentía que las gotas de sudor me corrían por las sienes. Estaba comenzando a asfixiarme.

—¡No, no, no! —dije jadeante—. No me desharé de ustedes.

De inmediato se alivió el dolor. Me quedé acostado tragando bocanadas de aire.

—Bien —dijo la voz—. No quieres que Dios se enoje contigo, ¿verdad?

Sólo pude mover negativamente la cabeza. Continuó de manera desapasionada la voz que algunas veces se mostraba cariñosa y otras severa, pero siempre imperturbable.

—Me necesitas, Robert. No lo olvides. Soy tu espíritu guía. Tuve suerte al hallarte cuando estabas buscando a Dios; de lo contrario, pudieras haberte perdido. Dios va a hacer grandes cosas contigo. Tú eres importante. Constituyes una gran parte del plan de Dios. Cuando estés completamente adiestrado, te admirará toda clase de personas. ¿Recuerdas a Joe Wilson, aquel canalla que te dominaba? Él también te respetará y te adulará. Cuando llegue ese tiempo, no habrá nada que no puedas tener. Pero ante todo tienes que ser adiestrado. Dios tiene que obrar en ti.

Esas palabras me cayeron como agua refrescante, como suaves ondas. La voz sabía lograr lo que quería. Aplicaba de manera alternada la motivación y el castigo, hasta que me moviera.

—¡Pero el adiestramiento! Estoy cansado de todo eso. ¿No puede terminar pronto?

Esa fue una petición inútil. No había razón para suponer que había terminado el programa que había para mí, o que estuviera a punto de terminarlo. El único aliento que recibía del espíritu guía, o de las otras voces con las que estaba asociado, era algún comentario fortuito en el sentido de que Dios estaba complacido. No hacían ningún compromiso en concreto. Jamás me dijeron que el adiestramiento terminaría en determinado momento. Cuando yo preguntaba, invariablemente me decían que sería pronto. Y la palabra "pronto" podía significar un trecho largo, sobre todo si yo hacía alguna cosa que los fastidiara, como preguntar cuánto tiempo más estaría en esas condiciones.

Oí que las voces consultaban con susurros que no podía entender. Al fin se acercó el espíritu guía.

—Le hemos preguntado a Dios —declaró—. Dijo que tu adiestramiento debe terminar hoy.

Casi no podía creer lo que oía. Me senté en el borde de la cama.

—¿Hoy? ¿Quieres decir que casi lo he terminado?

—Eso es lo que dice Dios.

—Entonces, ¿voy a ser un sanador?

—Dios cumple sus promesas. Tú le has servido fielmente, y Él te va a recompensar. Esta tarde tendrás tu introducción a los poderes sanadores. Recibirás el nombre de Dios.

Hubo una pausa.

—En tu adiestramiento sólo hay una tarea más.

— Por supuesto — respondí animadamente —. ¿Qué quieres que haga?

— Entregarás un mensaje.

— ¿Qué dice el mensaje?

— Te lo diremos cuando llegues allá. Sencillamente, mientras te diriges al trabajo, ve a la calle Belacre, número 12.

Una leve duda pasó por mi mente, y fruncí la frente. Ya había hecho otras diligencias de esta clase. Pero antes que tuviera tiempo de censurar tal pensamiento, la voz habló.

— Cuidado. Dios no aprobaría eso. El programa pudiera prolongarse, sabes . . .

— Lo siento.

Pero en el adiestramiento eso de pedir disculpas no era suficiente. Se intensificó el dolor en mi columna vertebral. Sentí como un choque eléctrico.

— Lo siento. ¡Dije que lo siento!

Esperaba otra reprimenda, pero no la hubo. Lo único que podía oír era un murmullo de conversación en un tono suficientemente alto, pero no entendible. Me pareció que, para ese momento por lo menos, el espíritu guía se había ido. Me quité las mantas de encima y coloqué las piernas fuera de la cama. Tenía un fuerte dolor de cabeza. Si hubiera sido posible, me habría vuelto a acostar y habría dormido todo el día. Pero me esperaba el trabajo, y el espíritu guía no me dejaría tranquilo durante mucho tiempo.

Muy fatigado, me levanté y pasé al baño. Cuando llegué a la puerta, Joanna me llamó con voz apacible.

— Robert, ¿te sientes bien?

—Sí, estoy bien —le contesté algo irritado.

¿Qué podía decirle? Varias veces había tratado de explicarle lo que me estaba ocurriendo. Le había dicho que las sesiones espiritistas y el juego con la tabla de escritura espiritista me habían sumido en el mundo de los espíritus cuyos señores me habían esclavizado. Aunque Joanna era espiritista, y procedía de una familia de espiritistas, jamás le había hablado un espíritu. Para ella, el espiritismo era una fuente de consuelo, un medio para establecer contacto con los seres queridos que estaban en el otro mundo. Para ella era totalmente inocuo.

Yo deseaba poder mostrarle el espíritu guía, a fin de que ella comprendiera que mi sufrimiento era real. Pero ni siquiera yo lo había visto. Poseía personalidad y voz, pero no tenía cuerpo. Yo era la única persona que podía oírlo. Joanna sólo estaba consciente de las furtivas conversaciones de un solo interlocutor que se producían durante la noche, y de mi creciente conducta irracional. Lo único que yo podía hacer era tratar de cubrir todo lo mejor que me fuera posible, y aparentar que todo era normal. Pero no estaba haciendo eso muy bien.

La luz del baño me hizo parpadear. Torpemente busqué en el gabinete mi máquina eléctrica de afeitar, la conecté y me incliné hacia el espejo. Tenía el hábito de afeitarme en la mañana, antes de hacer cualquiera otra cosa. No me sentía limpio hasta después de haberme afeitado. Aquella mañana, sin embargo, hice una pausa al verme en el espejo.

Tenía apariencia de enfermo. Tenía ojeras. El cabello, peinado hacia atrás, estaba grasoso y veteado de gris. Volví la cabeza, primero hacia un lado y luego hacia el otro. Me presioné las mejillas con los dedos. Finalmente me enderecé y quedé mirándome durante varios segundos. Todavía tenía la misma estatura y los hombros anchos. Pero la agilidad y la compostura ejecutiva estaban mermando rápidamente. *Sólo tengo cuarenta y seis años de edad,* pensé, *pero tengo una apariencia de sesentón.*

Me volví a inclinar hacia adelante y puse a funcionar la máquina de afeitar. Era una máquina vieja que, en el reducido espacio del baño, producía un zumbido abrasivo. Había querido sustituirla, pero en cierto sentido me sentía satisfecho de no haberlo hecho, ya que el ruido que producía ahogaba las voces. Yo reflexionaba en lo que el espíritu guía me había dicho. Tal vez, al fin y al cabo, aquel sería el último día de sufrimiento. ¿No había dicho él eso? Sin duda, después de toda la angustia por la que me había hecho pasar, yo lo merecía. Durante meses no había dormido más de tres horas cada noche. Con frecuencia, mucho menos. Siempre se me ordenaba que hiciera alguna clase de trabajo. Dios dice esto, Dios dice aquello. Los trabajos eran inevitablemente desagradables y con frecuencia extremadamente dolorosos. Aun así, valía la pena realizarlos, si al fin yo iba a ser un sanador del mismo Dios. El espíritu guía frecuentemente había indicado que también recibiría considerables recompensas económicas.

Una leve corriente de emoción se apoderó de mí, de la misma clase que había experimentado cuando me habían promovido a la alta posición ejecutiva que desempeñaba en ese momento. Ese ascenso era la culminación de veinte años de esfuerzos en el giro de la electricidad. Para mí era inconcebible que la promoción ocurriera también en el mundo de los espíritus. Aun así, la duda me entró en la mente. El espíritu guía me había mentido en otras ocasiones. ¿Por qué no iba a estar mintiendo otra vez? Pero Dios, no el espíritu guía, era el que había dicho que terminaría el adiestramiento. Me negaba a creer que Dios mentiría. Casi por definición, el Ser que había creado el universo tendría que ser incapaz de una mentira descarada.

Me sentía un poco más alegre. Coloqué la máquina de afeitar en su lugar, me lavé la cara con agua fría, me puse la ropa que había dejado la noche anterior en el baño y bajé al primer piso. La cocina estaba fría. Puse a calentar agua en la cafetera y me dirigí a la ventana. El aparato de calefacción apenas comenzaba a dar calor, de modo que me recosté contra él, y coloqué los codos en el antepecho de la ventana. Mi respiración se condensaba en un círculo en el cristal de la ventana.

Afuera comenzaba a amanecer. El jardín, que estaba bien cuidado, tenía senderos de flores a cada lado. Terminaba en una cerca de alambre y una fila de cerezos. Uno de ellos estaba completamente florecido; debajo de él, el suelo estaba salpicado de flores caídas. Parecía un confeti rosado. A través del espacio que había entre los árboles, podía ver la iglesia de Loughton Hill, con su torrecilla de cobre verde.

Joanna, nuestros hijos y yo nos habíamos mudado a esa quinta en noviembre de 1959. Desde el punto de vista social, llegar a vivir en Loughton era un verdadero logro. La casa, llamada *Pendragon*, que se había construido estrictamente según las especificaciones, era hasta el momento la única que había en un nuevo callejón sin salida. Simbolizaba un paso decisivo en mi lucha hacia el éxito. Yo pensaba que había comenzado mal en la vida a causa de la manera inadecuada como mi padre había manejado mi educación. Hasta su muerte, realmente nunca le perdoné eso. Me parecía que tanto la escuela primaria como la escuela media habían inhibido mi educación. El resultado había sido que, a los dieciséis años de edad, yo sólo servía para recoger el dinero en los contadores eléctricos. Por ese trabajo me pagaban veinticinco chelines cada semana. La vergüenza que esto me producía era intolerable. Me rebelé y me inscribí en un instituto politécnico, con la determinación de remediar mi situación. Tuve que estudiar ocho años para obtener mi título de ingeniero electricista, y luchar otros veinte años para abrirme paso en la industria de suministro de electricidad.

En un sentido palpable, había triunfado. Pero al dirigir la mirada hacia aquella apacible escena suburbana, no encontraba ni una pizca de satisfacción. Mis logros: mi hogar, mi esposa, mis hijos, todos los cuales habían significado en un tiempo mucho para mí, en ese momento me parecían opacos y remotos. Las voces y su incesante adiestramiento habían extraído de mí hasta el último signo de placer. En ese mismo momento las oía susurrando y consultando en alguna parte de mi mente. Pronto, alguna de ellas, probablemente el espíritu guía, volvería de nuevo su atención hacia mí con el fin de dirigirme instrucciones y burlas. Cerré los ojos.

No, pensé. *Hago esto para Dios. Pronto terminarán todos mis sufrimientos y quedaré de nuevo libre. Él no permitirá que esto continúe para siempre.*

— Robert, la cafetera está hirviendo.

Me volví y vi que Joanna pasaba de prisa por la cocina. Yo había olvidado por completo la cafetera. Una gran nube de vapor ascendía hacia el techo. Me quedé allí de pie como un tonto, mientras ella la apagó.

— De veras, Robert, ¿qué te pasa?

— Lo siento — dije y encogí los hombros —, mi mente andaba errante.

Los dos sabíamos que yo estaba dando una evasiva. Se quedó mirándome un momento. Luego se volvió y comenzó la rutina diaria de preparar el café y el pan tostado, como si yo no estuviera en la cocina. Ella era aún una mujer muy bonita; su cabello salpicado de blanco le daba un aire de refinamiento, ya que había pasado la edad de la juventud. Mi amor hacia ella era tan fuerte como siempre. Yo la miraba de mal talante, albergando un resentimiento inexpresado contra el espíritu guía que trataba de separarnos. Cuando ella movió el café, el tintineo de la cuchara me pareció insólitamente alto en medio de aquel silencio que había entre los dos.

— Bonito día — dije para iniciar la conversación —. Pensé que podría trabajar un poco en el jardín esta noche, después del trabajo.

Ella me dio la taza, sin responder nada, y se sentó a la mesa. El silencio volvió a dominar. Me quedé de pie soplando mi café. Me sentía rígido e incómodo.

— ¿Qué vas a hacer al respecto? — preguntó al fin Joanna.

— ¿Respecto de qué?

— ¡Por Dios, Robert — repuso ella con un tono irritado —, estás al borde de un colapso!

— Estoy bien.

— Sabes perfectamente que no estás bien.

— Créeme que estoy bien.

— ¿Quieres decir que es normal que hables contigo mismo a altas horas de la noche?

— No duermo, eso es todo.

— Bueno, yo tampoco.

— ¡Joanna! — le dije, tratando de mantener la calma —. Mira, sé que he tenido mucha tensión. Te he explicado lo relativo a las voces que oigo y los cuadros que veo. Eso ha empeorado últimamente. Pero hoy va a cambiar todo eso.

— ¿Cómo lo sabes?

Vacilé. No pude convencerme para decirle: "Así me lo dijeron."

Joanna se quedó con los brazos cruzados sobre la mesa, mirando directamente al frente.

— Me gustaría que fueras a consultar con un médium — dijo.

— Ya he estado en consulta con veintenas de médiums.

— Alguno de ellos tiene que poder ayudarte.

— Amor mío, ningún médium puede ayudarme. Esto es desesperante. ¿Recuerdas el primero con quien fui a consultar? Quentin Fulano. Se supone que sea uno de los médiums más destacados, pero lo único que hizo fue entrar en un trance y babear. No le entendí nada de lo que dijo durante la hora que estuve allí.

Había estado insatisfecho con esa visita y hubiera podido decir más, pero sentí que las voces se movían dentro de mí. Yo estaba siendo desleal.

— Nada de esto habría ocurrido — me contestó Joanna —, si no te hubieras entusiasmado demasiado.

— Sí, claro, échame la culpa a mí.

— Así es. Te lanzaste al espiritismo del mismo modo como te lanzaste al trabajo y a tus películas hechas en casa. No harías nada a medias. Te metes en lo que te interesa hasta quedar casi agotado, y nunca piensas en ninguna otra persona. Los niños y yo somos los que sufrimos. Es como un infierno tener que vivir contigo cuando estás en esta condición. ¿Cuándo vas a aprender a hacer las cosas con moderación?

En cierto sentido, ella tenía razón. Fui yo quien salió con la idea de investigar el ocultismo. Yo había seguido este camino hasta su amargo fin. Había asistido a sesiones espiritistas; había hecho que mi familia jugara conmigo con la tabla de escritura espiritista. Nadie me había incitado. Y se me había aplicado la justicia sumaria, por cuanto era yo, no ellos, quien estaba sufriendo las consecuencias. Ellos no podían entender mi situación. Yo mismo me había hecho ir a la deriva.

— Bueno, ¿qué debo hacer al respecto? — pregunté, airado e impotente.

— Sencillamente, coopera.

— ¿Por qué debo cooperar?

— ¡Robert, eres muy terco!

—Bueno, bueno, ¿qué sugieres?

—Ve a consultar con alguien.

Ella hizo una pausa, al observar que yo había levantado las manos en seña de desesperación.

—Ahí vas otra vez. Robert, óyeme. Estuve hablando con mami. Ella conoce a un hombre que tiene experiencia en estos asuntos. Él está dispuesto a darte una cita. Sólo tienes que llamarlo por teléfono.

—¿Otro médium?

—Sí, pero . . .

Hice una señal para indicar que no necesitaba sus explicaciones.

—Lo siento. No estoy dispuesto a eso. Ya he consultado con demasiados médiums. Ninguno de ellos puede ayudarme. En plena noche los he telefoneado, y me han dicho que tome café y me vuelva a acostar. Así que ya despaché a los médiums. Tal vez puedan llamar a los espíritus de los muertos, pero nunca me han ayudado. Además, lo pasado ha pasado. Ya estoy fuera de peligro. Dile a tu madre que muchísimas gracias, pero no necesito más médiums.

Levanté bruscamente la taza de café para llevármela a los labios. Tenía la intención de que ese fuera un movimiento casual y confiado; pero cuando mis dedos agarraron el asa, una fuerza extraña entró en la mano y me volteó la taza. Cuando el líquido caliente me salpicó el rostro, grité y deje caer la taza al piso. Se hizo trizas. Me quedé estupefacto. El café me corría por la barbilla y me caía en la ropa. A la distancia oía una risotada burlona.

Joanna se había puesto de pie de un salto. Respiró a fondo y, por un momento, nos quedamos inmóviles, de frente uno a otro, cada uno en un lado de la cocina. Luego ella dio media vuelta y salió de allí. La puerta se cerró de un golpe.

El corazón me latía con fuerza. A mis pies, el piso de baldosas azules estaba embadurnado de café y salpicado de pedazos de loza. Me incliné y comencé a recoger los pedazos. Débilmente alcanzaba a oír la voz de Joanna en la sala, que hablaba a los niños y les decía que se mantuvieran alejados de la cocina. Odiaba el hecho de que ella tuviera que "explicarme" a los niños. Alcancé a oír una declaración: "Su papá está actuando como un tonto otra vez." Eso me mortificó. Yo amaba mucho a mis hijos, pero ¿qué estaban oyendo con respecto a su padre? Que otra vez estaba actuando como un tonto. ¡Otra vez! El problema se había vuelto recurrente.

Cinco minutos más tarde, más o menos había limpiado todo el revoltijo. Nadie entró. Así que yo mismo cociné un poco de avena y, de mal humor, me senté a la mesa para comer. Llegó el tiempo de vestirme. Hasta las ocho de la mañana, cuando estuve listo para salir, no había dicho ni una palabra a nadie. Los niños mayores, Jill y Robert, se mantuvieron alejados de mí. Aunque más de una vez me encontré con Joanna en el descansillo de la escalera, en cada ocasión ella miró hacia otro lado. Sólo David, quien por ser demasiado pequeño, no sabía lo que estaba ocurriendo, vino tambaleando hacia la puerta del frente para despedirme con un movimiento de sus manos.

Yo había dejado mi auto en la entrada del garaje.

Era un vehículo nuevo y elegante, que constituía otro de mis logros. Tiré el maletín en el asiento de pasajero y me subí. Antes de introducir la llave en el encendido, me incliné hacia adelante para descansar un poco la cabeza sobre el volante. La noche de insomnio estaba comenzando a producir sus efectos. Yo podía continuar así un par de horas, pero después sentía un terrible impulso de cerrar los ojos, poner a un lado lo que estuviera haciendo y quedarme completamente dormido. Muchas veces, lo único que me había detenido era la perpetua conversación que había en mi mente. En ese momento me detuvo. La conocida voz se acercó.

—Ve a la calle Belacre.

Manejé hasta la calle High y proseguí hacia la estación. Un pequeño puente conducía hacia un centro comercial y después hacia la Iglesia de San Anselmo. Yo sabía que Belacre era una de las calles laterales que estaban al este de esta iglesia. Crucé a la derecha y di unas vueltas hasta hallarla. El número 12 estaba cerca de la cumbre. Estacioné fuera de la casa, pero no salí del auto. Esperaba instrucciones.

—Bueno, ya estoy aquí. ¿Ahora, qué?

—Acércate a la puerta —contestó el espíritu guía.

Salí del auto. Era una casa grande, separada de las otras, con un acabado de estuco y con postigos en las ventanas. Tenía el nombre *Gossander*. Nunca la había visto antes. Me acerqué a la puerta de roble tachonada con clavos y, después de un momento de vacilación, toqué. Los siguientes segundos constituyeron para mí una tortura. Tenía la ferviente esperanza de que cualquiera que fuera el ocupante de la casa, estuviera de vacaciones o en el baño. Pero no fue así. Oí pisadas que se acercaban.

—¿Qué digo? —pregunté siseando.

Se abrió la puerta, y me dejó ver a un anciano alto que usaba un suéter de lana y pantuflas. Tenía en la boca una pipa de fumar y no se la quitó de allí. Simplemente levantó las cejas, en un ademán inquisidor.

Mentalmente lancé una desesperada petición de ayuda. No recibí ninguna. De repente, el pánico se apoderó de mí. Abrí la boca con la frenética esperanza de que alguien pusiera algunas palabras dentro de ella. Pero no hubo palabras. Lo que salió de allí fue un profundo gemido como el aullido que lanzaba nuestro perro cuando estaba enfermo. Tenía que disimular esto. Así que convertí el gemido en una tos. Pero eso me causó tanta picazón en la garganta que pronto estaba doblado con un ataque de tos.

El hombre observó todo esto con una seña de buen humor.

—¿Puedo ofrecerle un vaso de agua? —me preguntó, cuando me hube recuperado un poco.

Moví la cabeza negativamente.

—Entonces, ¿qué otra cosa puedo hacer por usted?

—Tengo un mensaje —le respondí tartamudeando.

—¡Ah! ¿De quién? —me preguntó con una leve sonrisa.

—De Dios —le dije al fin, luego de buscar de manera frenética en mi mente.

—Parece que usted no está muy seguro.

—No, bueno, sí . . .

—Si usted es de los testigos de Jehová —prosiguió el anciano mientras comenzaba a cerrar la puerta —, pienso que sería mejor que tocara en la puerta siguiente. Ellos asisten a la iglesia.

—No, no soy testigo de Jehová. Soy . . . —me puse la mano sobre los ojos —. Lo siento. Pienso que debo de haberme equivocado de dirección.

—Creo que sí. No se preocupe.

Sonrió bondadosamente y se volvió a colocar la pipa en la boca. Yo retrocedí tambaleante hacia el camino. Ardía de vergüenza e indignación.

—¿Por qué? —pregunté mientras cerraba la puerta del auto y aceleraba el motor —¿Por qué me humillaste? —el auto saltó hacia la carretera —. ¿Por qué me envías a una casa que no conozco, a un hombre que nunca había visto, y luego no me comunicas lo que debo decir?

—Actuaste muy bien —respondió la voz.

—Muchas gracias.

—Has probado tu fe en Dios.

—Por Dios, ¿qué provecho tiene el soportar una farsa como ésta?

—Era una prueba para tu fe. Recuerda que tienes que confiar en nosotros.

Había un leve tono de amenaza en esta declaración. Por tanto, me contuve.

—Aceptado —dije —. Sólo cumplan su promesa. Eso es todo.

—Por supuesto. Dios está muy complacido contigo.

Llegué a la oficina un poco más rápido de lo acostumbrado. Un rayo de luz solar hacía que las ventanas brillaran mientras me acercaba. A la derecha estaba la estación del tranvía que recientemente habían cerrado y por el momento servía como depósito. Aún se veían algunos rieles del tranvía en el patio del frente. Saltaron levemente bajo las ruedas del auto, cuando salía de la vía principal hacia una calle lateral. Luego crucé a la izquierda, hacia el estacionamiento de la oficina. Este era un patio pequeño y abierto que sólo tenía dos sitios techados para estacionar. Uno pertenecía al gerente, y el otro a mí. Ambos estaban vacíos. Me acerqué con el auto hacia el letrero blanco que tenía mi nombre, y allí estacioné.

El tiempo que pasé conduciendo el vehículo había disipado algo de mi frustración, pero aún me sentía muy resentido. La actitud altanera del espíritu guía me había irritado. A él le parecía que las pruebas a que yo estaba sometido eran cosa de rutina. Era como un oficial veterano que sometía a un joven recluta a los ejercicios militares. Si yo caía boca abajo en el barro, eso para él no era más que una historia que podía contar en el comedor. Sin embargo, me decía repetidas veces, todo eso era para mi propio bien. Tenía que perseverar. No me atrevía a dar salida a los sentimientos rebeldes que se batían en lo profundo de mí. Si perseveraba, en pocas horas quedaría libre.

Cerré el auto y, con el maletín bajo el brazo, caminé sobre el asfalto hacia la oficina. Algunas inquietas nubes grises se perseguían la una a la otra en el cielo. En la entrada principal, Fred, el portero, me recibió con una inclinación y una sonrisa.

— Buenos días, señor Lee.

— ¡Hola, Fred!

— Parece que va a llover.

— Espero que no. Pienso trabajar en el jardín esta noche.

Fred movió negativamente la cabeza y frunció las cejas.

— Yo diría que nos va a caer un aguacero.

— Bueno, confío en tu criterio —le respondí mientras me dirigía al ascensor.

— Hubo un tiempo en que usted hubiera subido por la escalera — me dijo Fred mientras me veía pasar —. Un joven como usted debiera avergonzarse de sí mismo. Perdóneme por decir eso.

— El sobrepeso — le dije mientras me agarraba el estómago y presionaba el botón del ascensor para subir al sexto piso —. Echa la culpa a la cantina.

Pero él tenía razón. No hacía mucho tiempo, yo hubiera subido por la escalera a la carrera, sólo para probar que podía hacerlo. Ese día, cuando llegó el ascensor, me apoyé pesadamente sobre el pasamanos mientras subía todo el trayecto.

Arriba, un fuerte olor a cera de piso había permanecido durante la noche. Salí del ascensor con la esperanza de llegar primero y de que no tuviera que hablar con nadie antes de entrar en mi oficina. Pero me tropecé con Phyllis, la persona que menos hubiera querido encontrar por cuanto, desde el día en que le hice una pregunta equivocada acerca de su madre, ella había comenzado a preocuparse por mí. De inmediato me preguntó por mi salud, y pasé cinco desdichados minutos tratando de aparentar que estaba alegre, hasta que apareció el gerente. De inmediato cambió la conversación hacia el golf. El día de trabajo estaba en marcha sin contratiempos; nos dispersamos hacia nuestras respectivas oficinas.

La mía, en un día claro, dominaba un panorama bastante impresionante de los muelles del este de Londres. Con frecuencia me sentaba en la mesa grande del centro para mirar hacia la ciudad. Esta mesa estaba cubierta de un cristal bajo el cual se había colocado un mapa militar alterado por la oficina de dibujo para indicar las zonas administrativas. A la cabeza de esta mesa estaba mi escritorio con un portaplumas de mármol y un bloque de papel. Detrás estaba la silla giratoria de cuero que recientemente había heredado de mi gerente.

Me senté y comencé a revisar el contenido de mi bandeja de papeles. La mañana pasó lentamente. Cuando terminé de ver la correspondencia, llamé al director de administración, Stan Jordan, para hablar sobre el programa de desarrollo técnico. Todo el tiempo, las voces refunfuñaban en mi cabeza. Más de una vez tuve que pedirle a Stan que repitiera, pues me había distraído de lo que me estaba diciendo. Al fin terminamos, y llegó el tiempo de ir a almorzar.

A menudo yo iba a mi hogar a la hora del almuerzo, pero ese día no sentí tal inclinación. Me fui temprano a la cantina y tomé un lugar apartado cerca de la ventana. Parecía que Fred tenía razón.

Las nubes se habían reunido en la mayor parte del cielo. Yo masticaba sin entusiasmo mientras miraba los techos de Londres. *Todo terminará en algunas horas,* me decía a mí mismo. *En algunas horas.* Me preguntaba cuándo ocurriría. Según el espíritu guía, sólo me quedaba esa tarde. Comprendía que estaba esperando mi liberación con una mezcla de anhelo y temor.

Dejando la mayor parte del almuerzo en el plato, me levanté y regresé a la oficina. Como de costumbre, a la hora del almuerzo había mucha gente que se arremolinaba en los corredores. Fuera de mi oficina, algunos de los empleados hablaban y se reían. Me reconocieron y de inmediato se apartaron. Entré en la oficina y cerré la puerta.

Adentro todo estaba extrañamente tranquilo. La conversación que había afuera, la cual normalmente hubiera podido escuchar de manera muy clara, me parecía que se producía muy lejos. Eché una mirada a todo el salón. Todo estaba en su puesto, exactamente como yo lo había dejado. Al mismo tiempo me vino una curiosa sensación de que se había desarreglado algo. Di la vuelta alrededor de la mesa grande de conferencias, con movimientos deliberados y lentos. Me senté detrás de mi escritorio.

En ese momento tenía toda la oficina delante de mí, silenciosa y vacía. Durante algunos minutos me quedé tranquilo y la observé. Había ventanas a lo largo de toda la pared occidental; sin embargo, el cuarto estaba anormalmente oscuro, más oscuro de lo que debía estar a esa hora del día. Me sentí como si estuviera encerrado. El frágil tabique que separaba mi oficina de la siguiente había tomado apariencia de piedra. Más allá de las ventanas no se veían techos ni chimeneas. Sólo se veía un manto gris de nubes. De repente, el mundo externo me pareció tan distante como si yo estuviera sepultado a trescientos metros de profundidad.

Había llegado el momento prometido. Lo sabía.

Cuando las sombras de la pared más lejana comenzaron a cambiar y a circular, eso me vino casi como un alivio. Se levantaron como columnas delgadas de humo y se movieron en sentido contrario al movimiento de las agujas del reloj. Me quedé contemplando. Lentamente, las sombras se fueron convirtiendo en una cara: una cara bestial con cejas espesas y ojos rasgados como los de un gato. Sin embargo, tan pronto como el cuadro se formó, se volvió a disolver. Me preguntaba si realmente yo había visto esa cara, o me la había imaginado. Las sombras continuaron cambiando. Su movimiento producía un efecto sedante, casi hipnótico.

Luego, en la periferia de mi mente, oí la voz del espíritu guía.

— Levanta la pluma — dijo.

Miré hacia abajo. Allí, sobre mi cartapacio, estaba una hoja de papel blanco. Junto a ella, en el portaplumas, estaba una pluma. Las miré aturdido. No era capaz de recordar si las había colocado allí o no. La voz del espíritu guía me impulsó a la acción. Lentamente levanté mi mano y agarré la pluma. Hasta ese momento, el movimiento estaba bajo mi control, aunque me exigía un esfuerzo, como si estuviera metiendo la pluma en aceite.

Levanté la pluma y sentí que la tenía en suspenso. Entonces oí de nuevo la voz del espíritu guía.

—¿Estás preparado?

—Sí.

—Relaja tu mano.

Obedecí. Mi brazo debió haberse desplomado sobre el cartapacio, pero se quedó suspendido.

—Es tiempo de que sepas el nombre de Dios. Lo escribiremos juntos.

Se volvió a mover mi mano, pero esta vez no tenía yo control de ella. Físicamente, yo estaba haciendo toda la presión necesaria para empujar mi mano hacia adelante, pero había otra cosa que determinaba la acción que realizaba. Yo la vi cuando descendió sobre el papel. Dos letras, tres, se escribieron con extravagantes líneas curvas sobre el papel. La caligrafía era muy diferente de la mía. A medida que pasaban los minutos, escribir se me fue haciendo cada vez más difícil, hasta que me dolieron los dedos. Finalmente, la pluma llegó al fin de la página y se detuvo. Hubo una pausa.

—Ahora puedes descansar —oí que me decía la voz—. El nombre de Dios es muy largo. Mañana escribiremos las otras veintiséis letras. Lancé un suspiro de alivio y miré el nombre de Dios que había escrito: ZQROCDDZYBEQEDWQXZZBYKARQE.

En ese momento mi mente se despejó tan repentina y completamente como si alguien me hubiera lanzado un cubo de agua en el rostro. De un salto me puse de pie. La silla de gerente dio con un golpe contra la pared, y luego cayó de lado sobre el piso. Sentí que si hubiera agarrado firmemente el escritorio, lo habría podido lanzar al otro lado del salón.

—¡Esto es ridículo! —grité—. ¡Esto es una absoluta necedad!

—Siéntate— clamaron las voces dentro de mí—. Quédate tranquilo y deja de discutir.

Pero la ira me arrebataba, como si estuviera sobre una ola irresistible. Sabía que en realidad me habían engañado. Mis esperanzas de liberación, que se habían levantado peligrosamente en el transcurso del día, habían sido derribadas y destruidas, aparentemente para siempre. Esta criatura en cuyas manos había caído, este espíritu guía, no tenía intención de cumplir sus promesas. Yo no iba a ser librado de la fatiga, ni de las voces ni del dolor. En cuanto a los poderes milagrosos de sanidad, la riqueza y el prestigio de que iba a disfrutar como recompensa por mis sufrimientos, todo eso era un engaño extravagante.

¡Mentiroso! —dije mientras golpeaba la mesa con el puño—. Tú eres un miserable y despreciable engañador. ¿Durante cuánto tiempo he confiado en tus promesas y te he obedecido? Y tú jamás tuviste la más leve intención de ayudarme. ¡Eres un charlatán! ¡Eres un villano engañador! ¡Me las pagarás! Hasta ahora se ha cumplido todo lo que has querido; pero de ahora en adelante, todo va a cambiar. Voy a . . .

De repente comprendí que me rodeaba el silencio. Había cesado el parloteo de las voces. Parecía que estaban escuchando atentamente. Me acordé del anciano de la residencia *Gossander*, cuando estaba de pie con las cejas levantadas, como si fuera a decir: "¿Sí? ¿Y qué es lo que usted tiene que decirme?" Ahora no tenía respuesta alguna, como tampoco la había tenido por la mañana. ¿Qué iba a hacer yo con el espíritu guía? ¿Qué podría hacerle? Los brazos se me fueron bajando lentamente hasta que quedaron colgando flácidos por los lados. No había absolutamente nada que pudiera hacer. Estaba impotente.

Comencé a comprender la absoluta desesperación de mi situación. Como un espía me había arrastrado hacia el mundo de los espíritus, y como espía me habían hecho prisionero allí. Externamente, yo tenía la apariencia de ser libre; pero internamente había llegado a ser presidiario. La perspectiva de una vida encadenada al espíritu guía y sus amigos se extendía delante de mí, aparentemente sin fin. No tenía ninguna duda de que mis apresadores se aprovecharían por completo de mi debilidad. Los tormentos, que ya eran suficientemente horribles, podrían empeorar. Las noches serían más aterradoras, el sueño más escaso, y los días cada vez más solitarios. En algún momento enloquecería. ¿Y entonces, qué? Ni siquiera quería pensar en esto.

Sólo me quedaba una esperanza. El espíritu guía y sus amigos pudieran ser corruptos; pero no podía creer lo mismo acerca del verdadero Dios. Mis instintos me decían que Él tenía que ser justo. ¿De qué otro modo podría manejar el universo? Además, necesariamente, tenía que ser más grande en autoridad y poder que el espíritu guía. Yo podría ser impotente, pero Dios no. Y a pesar de todos mis errores, ¿no había tratado fielmente de confiar en Él y agradarle? De repente clamé a Dios, al Dios a quien tanto tiempo había servido. "Dios, yo sé que estás ahí. Por favor, por favor, no dejes que yo siga siendo atormentado. Permíteme volver a ser una persona común y corriente, como Stan y las otras personas que trabajan aquí. Ellas no están atormentadas. Yo he tratado de servirte. He tratado de hacer lo que tú dices; sin embargo, estoy angustiado. No puedo dormir. No puedo hacer mi trabajo. ¡Líbrame, por favor! ¡Líbrame! Prometo que haré cualquier cosa. ¡Cualquier cosa!"

Me esforzaba por oír en medio del silencio. Por un instante no llegó ninguna respuesta. Luego, más alta y clara de lo que jamás la había oído, la voz regresó. Pero no era la misma voz cariñosa del espíritu guía. Era una voz que parecía surgir del mismo caos, una voz tan horriblemente perversa y cruel que, al oírla, sentí que se me congelaba la columna vertebral. Las palabras que oí han ardido en mi conciencia desde entonces:

— No soy Dios. Soy el diablo. ¡Esta noche te voy a volver loco!

2
EL PRIMER ENCUENTRO

Y ¿quién es el diablo, señor Hartley?

Un súbito silencio descendió sobre los muchachos que tomábamos el curso de preparación para la confirmación. Veinte jovenzuelos sentados ceremoniosamente en los bancos del frente de la Iglesia San Jorge, esperábamos ver lo que haría el señor Hartley. Esto ocurrió el domingo 18 de marzo por la tarde. Era la cuarta de una serie de charlas preparatorias. Los que se preparaban serían confirmados por el obispo de la localidad.

Tenía catorce años de edad; era un joven norteño de cabello oscuro y tenía una fuerte vena de rebeldía. Si me hubieran permitido escoger, habría estado jugando fútbol, no sentado en un duro banco de madera oyendo al catequista de la iglesia. Yo estaba allí, como todos los demás, porque mis padres lo querían así. En nuestro vecindario, la confirmación se consideraba como algo respetable, aun entre las familias que rara vez o nunca asistían a la iglesia. Había que "cristianizar" a los hijos. El hecho de que yo habría de ser confirmado dentro de un par de semanas hacía que la prueba fuera un poco más tolerable. Al fin, después de eso, quedaría libre para hacer lo que quisiera.

Había una cosa que suavizaba mi resistencia al curso preparatorio para la confirmación: el hecho de que el que lo dictaba era el señor Hartley. Generalmente, sólo respetaba de mala gana a los mayores. Los cuatro años que había pasado en un internado primario para varones me acostumbraron a la tiranía. Mi padre también era severo en la disciplina. Mantenía una gruesa correa de cuero colgada en la puerta de la cocina, como un recordatorio de su poder. Pero Hartley ni siquiera levantaba la voz. En realidad, desde el comienzo me había tratado como a un igual, y así se había ganado, no sólo mi respeto, sino también mi atención. Durante un buen tiempo pude suprimir el deseo de hacer alguna otra cosa, y escuchar con dolorosa concentración las charlas de Hartley. Para mí era muy duro, pues las charlas eran muy pesadas.

Él se paseaba para allá y para acá entre el púlpito y la pila bautismal, expresando entre dientes su charla, haciendo una pausa de cuando en cuando para limpiar sus anteojos, o apuntar un dedo hacia el piso para enfatizar su argumento. Cuando hablaba en serio, su cara tomaba un color rosado oscuro, el cual hacía un agudo contraste con sus escasas patillas eduardianas. En estas ocasiones, su voz se volvía más débil y sus expresiones más oscuras. Pero nadie se atrevía a interrumpirlo. Mirábamos hacia adelante humildemente, aunque nos sentíamos incómodos con la ropa dominguera, y deseábamos que llegaran con más rapidez las cuatro de la tarde.

Cierto domingo nos había leído una historia del Evangelio según San Mateo. La historia me dejó perplejo. Decía que Jesús fue al desierto, ayunó cuarenta días, y después "tuvo hambre". ¡Eso no era sorprendente, después de pasar cuarenta días sin comer! Pero lo que ocurrió a continuación fue extraño. Se apareció el diablo, y lo invitó a transformar las piedras del desierto en panes. Esto parecía algo razonable, puesto que, como el escritor lo indicó, Jesús era el Hijo de Dios, e indudablemente podía hacer eso, si lo hubiera querido. Pero Jesús quedó impasible. Le dijo al diablo que el hombre no vive sólo de pan, sino de las palabras de Dios.

Entonces el diablo le hizo una segunda proposición, aunque menos práctica que la primera. Llevó a Jesús a la cumbre del techo del templo, y le dijo que se lanzara de allí, pues si en realidad era el Hijo de Dios, los ángeles bajarían volando a guardarlo. No entendí qué quería hacer el diablo con esto. Aparentemente, Jesús tampoco lo entendió, por cuanto lacónicamente le respondió que el diablo no tenía derecho de tentarlo a Él.

Sin desanimarse, sin embargo, el diablo arrebató a Jesús del techo del templo y lo llevó a una montaña alta, desde la cual se veían todas las tierras del mundo. Le dijo que se las daría todas con una sola condición: que Jesús se pusiera de rodillas y lo adorara. Con ofertas de tal naturaleza, yo hubiera sido fuertemente tentado a aceptar la condición. Pero Jesús lo despachó diciéndole que sólo Dios merece la adoración. Eso quería decir que, si había que hacer alguna clase de adoración, el diablo era el que debía tributarla. Al oír eso, el diablo se fue.

¿Pero quién es el diablo? ¿Cómo llegó a tener tanto poder para hacer ofertas tan fantásticas? ¿Y por qué tenía tanto deseo de ser adorado? Por lo menos, yo conocía su nombre. Recordaba que había oído una lectura bíblica que se refería a un hombre que estaba poseído por el diablo, el cual fue sanado por Jesús. ¿Cómo sería eso de que el diablo poseyera a una persona? Me hacía esa pregunta. Las sensaciones desagradables que tal frase sugería se apoderaban de mí cuando hablaba con mi abuela, en cuyas conversaciones figuraba el diablo con mucha prominencia. Con frecuencia se mencionaba para dar fuerza a una amenaza; por ejemplo: "Si tú no haces esto y aquello, le voy a decir al diablo que venga y te pellizque durante la noche." La idea era tan siniestra que me hacía satisfacer los deseos de ella. Pero también despertó mi curiosidad. Una criatura que hiciera tantas cosas peculiares tenía que ser digna de investigarla.

Así que levanté la mano y le hice la pregunta al señor Hartley.

Momentáneamente pensé que había cometido un grave error, pues el anciano señor se detuvo y frunció las cejas. Se consideraba que no era cortés interrumpir al que hablaba en cualquier función de la iglesia. Si hubiera hecho la misma pregunta, en las mismas circunstancias, al párroco de la iglesia, sin duda habría provocado su ira. Mi amigo Peter, que estaba sentado junto a mí, me dio un codazo en las costillas. Sentí que me sonrojé; pero no tenía por qué preocuparme, pues Hartley no frunció las cejas por desagrado. Únicamente lo hizo por una tierna preocupación de que se le entendiera.

Después de lo que me pareció un tiempo muy largo, aclaró la voz y respondió.

—Bueno, Robert, esa es una pregunta muy importante. Pero tal vez debiéramos preguntar ante todo, no quién es, sino si existe.

No le capté lo que dijo.

—Sí — le contesté mecánicamente.

—Por ejemplo, ¿te has encontrado alguna vez con el diablo?

—Creo que no.

—¿Conoces a alguna persona que se haya encontrado con él?

—Mi abuela pudiera haberse encontrado con él. Habla mucho acerca de él.

Hubo movimientos en el banco, cerca de mí. Esto les pareció divertido a todos. Hartley sonrió y continuó.

—Bueno, probablemente yo soy tan viejo como tu abuela, y nunca me he encontrado con el diablo. Como ves, este es el problema. Nadie puede probar realmente que existe el diablo. Se cuentan muchas historias acerca de él, como la que acabamos de leer. Pero no puedes ir y verlo, como pudieras ver, digamos, a Stanley Baldwin o al párroco. Y si algo no puede probarse, tenemos que tener mucho cuidado antes de aceptarlo.

—¿Quiere usted decir que realmente no existe el diablo?

—Pienso que no existe, así como no existió una serpiente que habló en el huerto del Edén.

Esta posibilidad jamás se me había ocurrido. Mi interés en este asunto se había elevado a tal grado que hubiera estado dispuesto a creer toda clase de cosas con respecto al diablo. El hecho de que en ese momento se me dijera que no existía era más bien una decepción.

— Pero, ¿por qué escribir acerca de una serpiente o de un diablo, si ninguno de los dos existe? — dije al fin.

— Eso es sólo una manera de hablar — replicó Hartley —. Estoy seguro de que los escritores del libro de Génesis y del Evangelio según San Mateo realmente no creían en una persona mala que se llamara diablo. Pero en ambos casos, los escritores quisieron indicar que el personaje principal — Eva en el primer caso, y Jesús en el segundo — estaba siendo tentado por el pecado. Ahora bien, el pecado es real y la tentación es real, pero no es fácil imaginarnos a ninguno de los dos. Supongamos, por ejemplo, que el escritor del Evangelio según San Mateo hubiera dicho que Jesús estaba siendo tentado por el pecado. ¿Sería fácil para ti entender la historia?

Tuve que mover negativamente la cabeza. El término "pecado" no significaba absolutamente nada para mí.

— Pues entonces — dijo Hartley mientras se le tornaba el cutis un poco más rosado — eso no hubiera sido eficaz, ¿verdad? Es muchísimo más difícil que el lector imagine que el "pecado" está tentando a Cristo con los reinos del mundo. El pecado no habla, no tiene cuerpo. Así que, en vez de hablar acerca del pecado en abstracto, el escritor lo personifica. Piensa: ¿Qué apariencia tendría el pecado si estuviera encarnado en un cuerpo, y qué nombre tendría? Así es como inventa al diablo.

—Pero, de ese modo, ¿no miente el escritor? —persistí.

—En realidad, no. Sencillamente dice la verdad de una manera que es más fácil de entender. Estoy seguro de que hoy nadie consideraría que Jesús habló realmente a alguna persona en el desierto. Eso es ridículo. Hay muchas cosas en la Biblia relacionadas con lo sobrenatural —ángeles, milagros y otras— que no es posible que sean ciertas. La ciencia las ha refutado. La única razón por la cual están en los Evangelios es porque los escritores quisieron dar más énfasis a lo que afirmaban. En el siglo veinte no tenemos que tomar todo eso de manera literal. ¡Eso sería una necedad! Para entender el verdadero significado tenemos que penetrar las referencias a lo sobrenatural.

Sólo entendí ese argumento a medias, pero tenía cierto carácter concluyente que me impresionó. Me preguntaba qué hubiera hecho mi abuela con él.

—Mi abuela dice— observé con una apariencia presumida —que el diablo es de color rojo encendido, que tiene una cola puntiaguda y que me pone piedras en los zapatos si no hago lo que ella me dice.

—Entonces tu abuela —replicó Hartley, con una raro golpe de ingenio —necesita confirmarse.

Esta respuesta resultó tan inesperada que toda la clase estalló con un ataque de risitas. Eran risitas, y no risotadas, porque se pensaba que estaba fuera de lugar reírse en la iglesia. Pero todas las muchachas miraron hacia sus regazos, y los jóvenes, incluso Peter, intercambiamos sonrisas. El que Hartley hiciera un chiste pasaría a la historia.

Cuando nos volvimos a tranquilizar, Hartley prosiguió su charla. Levantó su gastada Biblia empastada en cuero y, fijando su mirada en mí, dijo:

— Como ves, lo que realmente nos quiere decir esta historia no tiene nada que ver con el diablo. Lo que el escritor quiere que aprendamos es . . .

Naturalmente, se refería al pecado. No había tema en el cual fuera más elocuente Hartley, ni al cual volviera con mayor frecuencia. Nunca descubrimos qué era esa cosa — pues él nunca lo definió — pero, por sus horrendas consecuencias, no nos quedaba ninguna duda. El pecado significaba la ruina para cualquiera que tuviera la desgracia de incurrir en él. Semana tras semana desenterraba el tema y repetía la moraleja: "Hagan lo que hagan, jóvenes, no . . . " Aquel domingo pusimos más atención que la acostumbrada. Aun Peter atendió mejor después del estallido de risitas por lo que dije de mi abuela. Pero mi mente estaba en otra parte.

Mis ojos se habían apartado del señor Hartley hacia la ventana donde terminaba el antealtar. En esta ventana había una representación pictórica de la famosa batalla entre San Jorge y el dragón. El santo aparecía, con su armadura de color vino tinto, montado sobre un caballo blanco empinado, en el momento en que le daba el golpe mortal a su víctima. El dragón yacía retorcido bajo los cascos del corcel, dirigiendo la última mirada de odio a su asaltante, antes que cayera la espada.

Ese cuadro siempre me había fascinado, en parte por la riqueza de sus colores, y en parte porque el dragón me recordaba al diablo. Aquel día tomó un significado simbólico. Parecía que Hartley había matado al diablo, así como San Jorge había matado al dragón, según el cuadro que había en la ventana. Traté de imaginarme al señor Hartley con sus patillas blancas, con su armadura puesta, blandiendo la espada larga y aguda . . . y casi me vuelvo a reír, pues eso era tan ridículo. Sin embargo, la convicción con la cual él había descartado al diablo había producido un impacto en mí. Ángeles, milagros, todas las cosas extraordinarias de las cuales jamás soñé que podrían ser desafiadas, fueron barridas en un instante. La ciencia las había refutado. En realidad, la ciencia se podía esgrimir como una espada poderosa. ¿Realmente podía la ciencia hacer todo esto? De repente sentí que se había colocado el hacha a la raíz de un árbol muy grande. Todo el edificio de las creencias de mi infancia se estremeció bajo sus golpes.

Al fin Hartley terminó la charla. Todos nos pusimos de pie para recitar el credo y el Padre Nuestro. Por lo común, eso hubiera presagiado la despedida. Pero, precisamente cuando recogíamos nuestros libros, oímos que se acercaban unas pisadas por el pasillo. El eco de las pisadas sobre la cerámica sonaba como las gotas que caen en una cueva. Cuando nos volvimos a mirar, vimos que se acercaba el párroco.

Llegó al frente, le hizo una leve venia al señor Hartley y se volvió hacia nosotros. Era un hombre alto que exigía respeto, por cuanto podía mirar desde arriba a la gente, y cuando hacía eso, se manifestaba en su rostro una expresión severa. Nos lanzó sin entusiasmo una mirada general de reconocimiento.

— Buenas tardes, jóvenes.

— Buenas tardes — repetimos con monotonía.

— Confío en que ustedes estén disfrutando de las lecciones que les da su catequista.

— Sí, señor.

— ¿Cómo van, señor Hartley?

— Satisfactoriamente, padre.

La boca del párroco se convirtió en una sonrisa que luego desapareció sin dejar huella.

— Vine a hablar con ustedes — prosiguió — para recordarles que la próxima semana tienen la visita del obispo. Es deber del obispo asegurarse de que ustedes han sido bien enseñados — dijo mientras le lanzaba una mirada al señor Hartley — y, por supuesto, quiere conocerlos antes que pasen adelante para la confirmación. Eso significa que ustedes tienen que tener un cuidado especial con la apariencia. No queremos darle mala fama a San Jorge, ¿verdad?

— No, señor.

— Muy bien. Eso es todo.

Hartley dio la señal, nos pusimos de pie y salimos. El párroco se quedó observándonos en silencio, pero cuando llegué al fin del banco, me llamó. Me lanzó una mirada escrutadora antes de preguntarme el nombre.

— Robert Lee — le respondí.

— Lee, ¡ah sí! Tu padre trabaja en la electricidad, ¿verdad?

—Sí, señor. Es director de la oficina del Ayuntamiento.

—Es un buen hombre. Lástima que no lo vemos con más frecuencia en San Jorge.

No sabía qué responder. Me sentí como si me estuviera acusando de ser responsable de la ausencia de mi padre. Eso era muy injusto. Él no habría acudido a la iglesia aunque yo se lo hubiera rogado. Así que tragué saliva incómodamente.

—No sé por qué no viene, señor —le dije.

—Se honraría si viniera. No se te olvide invitarlo al servicio de confirmación. Ese es un día importante. Dile que me gustaría presentarle al obispo.

—Sí, señor.

—¿Ya sabes el catecismo?

—Lo estoy aprendiendo.

—Bien. Puedes irte.

Caminé hacia la puerta occidental de la iglesia. El párroco tuvo que haberse quedado observándome, pues no sentí ningún sonido detrás de mí. Me parecía que él vigilaba a todos como si fueran insectos que se arrastraran bajo un cristal de aumento . . . es decir, así miraba a todos los que tenían una posición social inferior a la de él. Los obispos y los dignatarios locales ocupaban rangos superiores al de él; los parroquianos comunes y corrientes, los niños y los catequistas tenían definidamente un rango inferior. Con frecuencia yo albergaba un horrible resentimiento por el hecho de que al señor Hartley se le diera este trato, pues a él yo lo clasificaba como un hombre mucho mejor. Me sentí verdaderamente disgustado por el hecho de que me preguntara acerca de mi padre, sobre cuyos hábitos yo no ejercía ningún control, y que me aguijoneara con respecto al catecismo. Para mí, aprender el catecismo fue una tortura cruel e innecesaria. Sencillamente no entendía por qué los párrocos no podían confirmar sin él.

Peter me estaba esperando afuera. Con una fresca brisa que soplaba sobre nuestras caras, nos retiramos a través del cementerio.

— ¿Qué quería él? — me preguntó Peter.

— Me preguntó acerca de mi padre. Está enfadado porque mi padre no asiste a la iglesia.

— Mi padre tampoco asiste. Así que, ¿cuál es la diferencia?

La diferencia era de condición social. La familia de Peter vivía en la pobreza.

— Hartley sacó un buen chiste con respecto a tu abuelita — continuó Peter —. ¿Es cierto que ella dice que el diablo pone piedras en tu zapato?

— ¡Claro que sí! Ella dice esa clase de cosas todo el tiempo.

— ¿Tú las crees?

— Por supuesto que no.

— Me imagino que las crees. De otro modo no le hubieras preguntado a Hartley acerca del diablo.

— No las creo — protesté —. Sólo tenía curiosidad.

Peter sonrió para indicarme que entendía bien.

— ¿Qué piensas tú acerca del diablo? — le pregunté.

— ¿Acerca del diablo? Hartley tiene razón. No hay diablo. Pero tampoco hay Dios.

— ¿Cómo lo sabes?

— Mi hermano está en la marina. Él ha estado

en muchos países extranjeros donde adoran estatuas y árboles. Dice que cada uno tiene su propio dios.

— ¿Pero no piensas que hay un verdadero Dios, un Dios grande?

— Nooo — respondió Peter, alargando la palabra.

En ese momento nos encontrábamos en la cumbre de un cerro, mirando hacia el centro del pueblo. Stockport no era el pueblo más bello. Sus chimeneas se proyectaban desde la tierra como dedos tiznados. Algunos de ellos parecían haber sido cortados por las articulaciones, y otros habían logrado una longitud no natural. Bajo ellas yacían las negras filas ordenadas de plantas industriales interrumpidas aquí o allá por un trecho de tierra abandonada.

— ¿Ves la planta que está junto al río? — preguntó Peter mientras señalaba hacia el sitio —. Allí es donde trabajo.

Luego me señaló un edificio pardusco con techumbre de pizarra.

— Allá está la escuela.

Miré hacia abajo con displicencia. A la mañana siguiente yo estaría debajo de ese techo, detrás de un pupitre, en la que mi padre consideraba la mejor escuela del pueblo, y estaría odiando cada minuto que pasara allí. Le tenía envidia a Peter. Él había salido de la escuela el año anterior, y había comenzado a trabajar. No era un buen empleo; sólo hacía mandados en una oficina. Sin embargo, en aquella región deprimida, era un milagro que estuviera haciendo eso. Pero era un trabajo, y él estaba libre, lo cual era más de lo que podía decir de mí mismo. Anhelaba el día en que saliera de la escuela para siempre y estuviera ganando dinero.

Nos quedamos en silencio unos momentos. En alguna parte del pueblo, el tañido de una campana dio las cinco de la tarde.

— Voy a llegar tarde — dije.

Llegamos a la encrucijada donde se dividía el camino y Peter corrió colina abajo. Mi camino subía suavemente por la ladera del cerro. A un paso vigoroso, llegué a mi casa en cinco minutos. Vivíamos en una parte muy distinguida del pueblo llamada Davenport. La casa, llamada *Kintra,* espaciosa según las normas de la zona en que estaba ubicada, contrastaba con la humilde casa de la calle Hall donde yo había nacido. Me encantaba. El jardín era amplio y estaba cubierto de grama, ideal para darle un puntapié a una pelota o jugar al gato y el ratón con mi hermana Jo. Entré y colgué la gorra en el perchero. Mamá estaba en la cocina supervisando a la sirvienta. Tal como lo hacían muchas familias del norte que habían tenido éxito, teníamos una sirvienta para el servicio doméstico que vivía en la residencia. Mamá me vio cuando estaba en la entrada.

— ¡Ah! Ahí estás. Pensé que nunca llegarías.

— Lo siento, mamá — el párroco quiso hablar conmigo.

— ¿De veras? Bueno, supongo que esa es una buena excusa.

Mientras hablaba se volvió y se dirigió a la sirvienta.

— Annie, dile a Robert que ya llegó Max.

Robert era el nombre de mi padre. Como los dos teníamos el mismo nombre, en familia se utilizaba mi segundo nombre.

Seguí a mi madre hasta el comedor donde estaba servida la cena. Jo se unió a nosotros, y nos quedamos parados detrás de los asientos, hasta que llegaran mi padre y mi abuela. Mi padre ya tenía más de cuarenta años, y tenía un cuerpo delgado y un cabello oscuro bien aceitado. Rara vez estaba en la casa sin la pipa en la boca, aunque no estuviera encendida. Cuando se sentó, la puso en la mesa cerca de él. Traté de adivinar si él estaba de buen humor. No era un hombre de temperamento incontrolable, pero nunca sabía si me había ganado su desaprobación. Y si me la había ganado, tenía que tener mucho cuidado.

Comenzamos a comer. Mi madre comenzó la conversación.

— Robert, Max tuvo una conversación con el párroco.

Mi padre, quien tenía llena la boca, levantó las cejas y preguntó:

— ¿Y qué le dijo el párroco?

— ¿Qué dijo el párroco, Max?

Yo mascullé la respuesta.

— Levanta la voz — me ordenó mi papá.

— Me dijo que le gustaría presentarle a usted el obispo, papá.

— ¡Ah! — dijo mientras pasaba a su plato una rebanada de cerdo frío, y le quitaba la grasa con el cuchillo —. ¿Y cuándo espera el obispo que se le conceda este placer?

— En el servicio de confirmación, supongo. El

párroco dijo que no se me olvidara invitarlo a usted.

Mi padre sonrió a la manera como sonríe un jugador de ajedrez cuando acaba de hacer un movimiento acertado.

— ¿Así que el párroco quiere que yo vaya a la iglesia?

— Tiene razón, Robert — interrumpió mi madre —, debemos dejarnos ver por allá de cuando en cuando, especialmente si nuestro hijo va a ser cristianizado. Eso causará una buena impresión. No te preocupes, Max. Dile al párroco que, por supuesto, tu padre y yo estaremos allí. Será un honor conocer al obispo.

— Un honor conocer al obispo — la remedó mi padre —. De veras, Meg, ten algo de respeto hacia ti misma. Aparentemente es mayor el anhelo que el obispo tiene de conocernos que el que nosotros tenemos de conocerlo a él. Max, puedes decirle al párroco que estaremos allá, si nuestros compromisos nos lo permiten.

— Sí, papá — le respondí mientras miraba a mis padres uno por uno.

Intervino mi abuela, que estaba sentada frente a mí, con su habitual vestido negro.

— Entonces ¿cómo está tu buen amigo Hartley?

— Está bien, abuelita.

— ¿Estás aprendiendo las lecciones?

— Él nunca aprende las lecciones — dijo mi padre con aspereza.

— No debes hablar de esa manera en presencia del muchacho, Robert — lo reprendió mamá.

— Es verdad — insistió mi padre —, y debe

decirse. Fíjate cuánto dinero pagamos para que estudiara en la Casa Bastion. Pensé que eso le daría un poco de tenacidad. Evidentemente estaba equivocado. Y ahora, en la otra escuela no ha mejorado nada.

Bajé la mirada hacia mi plato. Había aborrecido la Casa Bastion desde el principio hasta el fin. Era un pequeño internado que estaba situado en Caernarfon, en la costa norte de Gales. En todo el edificio sólo había un calentador. Los tres cursos de educación primaria se daban en un sólo salón. El director y su hija, que estaban colocados en los lados opuestos del salón, pasaban la mitad del tiempo gritándose mutuamente para pedir silencio. No me las daba de genio, pero un lugar como ese hubiera malogrado al más prometedor candidato. Cuando llegué a la escuela de Stockport, me había atrasado en mis estudios dos años.

— Nunca me gustó la Casa Bastion — dije disgustado.

— Nunca me gustó — repitió papá —. Algunos nunca tienen la oportunidad de ir a ninguna escuela. Mi padre no pudo enviarme. Llegué a donde estoy abriéndome paso desde el sótano. En vez de estar estudiando, estaba manteniendo encendidas las calderas en la estación de electricidad de Darwen. Por tanto, no pude obtener altas calificaciones que me promovieran. Tu problema, muchacho, está en que eres muy exigente. Si hubieras tenido más aguante, hubieras salido de la Casa Bastion sin ninguna dificultad.

— Robert — rogó mi mamá —, no es necesario ser grosero.

En ese momento mi hermanita Jo ya estaba lista para participar en el entretenimiento.

—Sí —me dijo—. Recuerdo aquella mañana cuando el señor Davies llevó a todos los muchachos de la escuela a nadar en el mar. ¡Tú estabas tan asustado que te encerraste en el baño!

—Tú tampoco seas grosera —dijo mi madre con severidad.

—Eso es precisamente lo que quiero decir —continuó mi padre—. Le hace falta valor.

—Por favor, Robert, dale al muchacho una oportunidad. Cuando sucedió eso estábamos a mediados de enero, y tú sabes cómo sufre del pecho. Saldrá bien. Sólo necesita un poco de ayuda. ¿No es verdad, Max?

Ella me dio unas palmaditas en la mano con afecto. Mi papá había movido el plato de su lugar con un gesto despectivo, y estaba golpeando la mesa con la pipa. Eché una mirada a las papas frías que sólo había comido en parte, y a la ensalada. Comprendí que había perdido el apetito. Las discusiones a la hora de comer siempre me producían algo de náuseas estomacales. Mientras lanzaba un suspiro, volví a colocar el cuchillo y el tenedor en su puesto. De inmediato mi abuela me siseó del otro lado de la mesa. Al observar, descubrí con horror que los había colocado al revés, como si fuera zurdo. Los cambié en seguida.

—Dos meses de mala suerte —dijo mi abuela con un susurro brusco.

Mi mamá y Jo me miraban con desaliento. Me mordí el labio. Pocos de nosotros íbamos a la iglesia, pero cuando se trataba de superstición, los Lee éramos la familia más religiosa de Stockport. Incluso mi padre, quien ponía menos atención a cosas como escaleras, saleros y espejos rotos, no estaba inmune a la superstición. Una sonrisa deformada le apareció en la cara.

— Eso será hasta el 18 de mayo — dijo.

— No seas así, Robert — intervino mi madre —. Cualquiera puede tener mala suerte. No es tan terrible. Además, dicen que la mala suerte es mucho menos eficaz cuando uno se acuerda de rezar. Tú siempre rezas, ¿no es verdad, Max?

— Sí, mamá.

— ¿Y no es cierto, abuela, eso de los rezos y la mala suerte?

Pero el rostro de la abuela se había quedado como una piedra.

— ¡Ahí tienes! — dijo mamá para animarme —. ¿No te lo dije? Todo va a salir bien. Me alisó el cabello con la mano y me sonrió con cariño.

Durante el resto de la comida conversamos acerca de nuestros familiares. Siempre había algún escándalo que había que volver a comentar. El de ese día se refería a una prima distante que se iba a casar antes del tiempo que se consideraba decente para una adolescente. Le agregaría más sabor el hecho de que, a mi edad, ella asistía fielmente a la iglesia. Yo escasamente la recordaba. En sus breves e infrecuentes visitas a Stockport, ella había roto un buen número de mis juguetes. Escuché un rato. Mi abuela era excelente cuando se trataba de temas como éste. Pero yo no tenía ganas de oír nada de eso, así como no tenía deseos de comer. Me alegré cuando mi padre se levantó y se llevó su pipa hacia la sala. Pedí que me disculparan y salí a dar un paseo.

Me sentía enojado. Enojado con el párroco, por su arbitrariedad y porque me exigía que aprendiera muchas normas religiosas que nunca me iban a servir para nada; enojado con mi padre, por sus quejas contra mi desempeño en la escuela. Parecía que nadie tenía en cuenta mis opiniones. ¿Por qué tenía que someterme a la confirmación por el solo hecho de que los adultos pensaban que debía hacerlo? ¿Por qué no podía salir a trabajar, en vez de luchar duramente en la escuela y sufrir el desdén de mi padre, por cuanto no obtenía buenas notas? Los dos hubieran tenido más éxito con otra persona que no fuera yo. En alguna parte tendría que haber un muchacho a quien le gustara el catecismo. ¿Por qué no lo fastidiaban a él? Mi padre prácticamente me había dicho en la cara que, como hijo, lo tenía decepcionado. Eso me hirió. Pero si eso era cierto, ha debido tener la decencia de no esperar que yo cumpliera sus expectativas.

En el pasado, la frialdad de mi padre siempre me había llevado a buscar a mi madre. Ella era por naturaleza una persona simpática. Había aliviado el desagrado de vivir en la Casa Bastion enviándome cada semana un paquete de comida. Pero aquella tarde, ella también me había disgustado. Yo estaba llegando a la edad cuando las atenciones de la madre, especialmente si se daban en público, me causaban vergüenza en vez de producirme consuelo. Pensé que debía defenderme a mí mismo, y no esconderme todo el tiempo detrás de ella.

También estaba la suerte. Hasta donde yo podía

recordar, había estado enmarañado en esta ola de enseñanza familiar. La buena y la mala suerte eran parte de mi mundo, por muy vigorosamente que lo negara ante Peter. El mal humor que tenía en ese momento se debía en un grado considerable al resultado de haber tenido mala suerte durante la cena. Me resentí de haber sido condenado de esta manera. La suerte era como un leño con el cual parecía que la familia me golpeaba cuando les desagradaba. Y cuando tenía la mala suerte, la única manera de escapar de ella consistía en rezar. Esta era una ardua rutina a la cual me sometía antes de acostarme, la cual parecía haber perdido todo propósito que no fuera el de servir como una póliza de seguros contra el infortunio. Me repugnaba todo este círculo vicioso.

En ese momento había llegado a la cima del cerro donde Peter y yo nos habíamos separado antes de la cena. El viento había disminuido, y el humo de centenares de cocinas estaba colocando un manto sobre el pueblo. Se veía sólo una estrella en el horizonte. Mi mente volvió a la clase que habíamos recibido en San Jorge y a lo que Hartley me había dicho con respecto al diablo. Me parecía que el diablo era la piedra angular del credo religioso de mi familia. ¿Podría ser cierto que no existía? Había algo muy atractivo en creer eso. Eso socavaba toda la superstición que yo odiaba tanto, de la cual, sin embargo, no podía librarme. Era cierta clase de venganza secreta. Eso era lo que yo quería. Quería encontrar alguna manera de afirmarme a mí mismo y reivindicarme. Eso me haría sentir que, al fin y al cabo, yo no era el fracaso que mi padre decía que era, y quién sabe si algún día yo podría probar eso.

Cuando la luz palideció, volví a casa. Los faroles eléctricos que mi padre había llevado a Stockport formaban una fila calle arriba. La seguí hasta el frente de mi casa, y luego entré. Al entrar, me encontré con mamá. Acababa de acostar a Jo y bajaba a la sala para tomar café. Acercó mis labios a los suyos para darme un beso.

—Hasta mañana, mi amor —me dijo con ternura—. No olvides rezar.

—No, mamá.

Me detuve para verla mientras bajaba la escalera. Luego me lavé y entré en el cuarto. La Biblia y el libro de oración estaban sobre la mesa, donde las había dejado la noche anterior. Los miré, y luego fijé la mirada en el piso. De inmediato me acosté.

3
FANTASMAS

Casi exactamente treinta años después de ese día fui a ver la obra de teatro *Hamlet*.

Durante un largo tiempo después de mi pequeño acto de desafío relacionado con el rezo, nada en realidad había cambiado. Pero al principio de la década de los años treinta, mi padre logró otra promoción. Esta vez sería trasladado a un empleo en Londres. Esto me causó inmenso alivio, porque me vería obligado a salir de la escuela secundaria de Stockport y no podría tomar el examen de ingreso universitario, el cual casi seguro habría suspendido. Mi padre se proponía que yo asistiera a las clases nocturnas que se ofrecían en el Consejo del Condado de Londres. Esta idea no me pareció más esperanzadora que la de la Casa Bastion o la escuela de Stockport. Prometía ser sólo otro capítulo desastroso en la equivocada administración que mi padre aplicaba a mi vida. Así que me rebelé.

Me tracé la meta mucho más ambiciosa de llegar a ser un ingeniero eléctrico. El curso que se ofrecía en el Instituto Politécnico de la calle Regente duraba cinco años. Yo necesité ocho, pero gradué precisamente antes que el instituto cerrara al estallar la Segunda Guerra Mundial. La capacitación que había adquirido me ayudó a quedar exento del servicio militar. Pasé los años de la guerra manteniendo en marcha el suministro de electricidad durante la devastación del este de Londres. Trabajaba diligentemente, en el empleo durante el día y en el estudio de mi casa de noche. Nunca había tenido una estima tan alta de mí mismo. Verdaderamente pensaba que tenía éxito.

Durante la guerra me casé con Joanna, una bella trigueña de la cual me había enamorado en el Politécnico. La ceremonia se realizó en la Capilla de la Reina en Savoy. Ese día fue excepcional porque no cayó ni una bomba alemana sobre la ciudad mientras estábamos allí. Después de la guerra, nos establecimos en el distrito Barking, en las afueras de Londres, con nuestros dos primeros hijos, Jill y Bob. Durante los siguientes catorce años llevamos una vida familiar tranquila y muy feliz.

Al mismo tiempo, yo estaba logrando un firme progreso en la industria de la electricidad. Mi progreso se parecía mucho al que mi padre había logrado en la generación anterior. Avanzó desde una posición insignificante hacia la prosperidad. Antes de su muerte, se le había concedido el honor de ser Miembro de la Orden del Imperio Británico. Me gustaba pensar que, aunque nuestra relación nunca llegó a ser cordial, yo hubiera podido ser causa para que él se sintiera orgulloso. Sólo hacía unos días que se había publicado mi última promoción. Joanna y yo habíamos ido al sector Punta del Oeste en Londres para celebrarla con una cena y una visita al teatro.

De regreso en nuestro vehículo, pasamos por el

centro de la ciudad, charlando despreocupadamente acerca de la producción de esta gran tragedia shakespeariana. Por supuesto, comenzaba con el espectro del viejo rey. Había aparecido de pie sobre un mar de humo en el escenario, completamente ataviado para la batalla, pero tan pálido como una estatua de mármol. Habían manejado bien la escena. No hubiera sido muy difícil creer que era realmente un fantasma. Eso puso a mover en mi mente algunas ruedas que no se habían movido desde hacía mucho tiempo.

—¿Sabes? —le dije a Joanna—. Mi padre vio una vez un fantasma. Por lo menos, así lo dijo.

—No puedo imaginarme a tu padre confesando algo como eso. ¿De quién era el espíritu?

—De Pemmie, la esposa de mi tío Albert.

—No recuerdo a ninguno de los dos.

—No, los dos murieron mucho tiempo antes que tú llegaras a la escena. Albert no era realmente mi tío.

—No hay ningún tío verdadero.

—Tuve algunos —dije con una risita entre dientes—, como mi tío Guillermo. Él trabajaba con algodón. Acostumbraba decirme: "Max, si cada chino usara su camisa un par de centímetros más larga, yo proseguiría en este trabajo por muchos años."

Joanna rió y luego preguntó:

—¿Y qué me dices de tu tío Albert?

—Su nombre verdadero era Gardiner. Trabajaba como representante de Baxendales. Nunca lo vi sin un cigarrillo en la boca. Pero era jovial. Supongo que esa fue la razón por la cual le agradaba a mi padre. Papá pensaba que no lo entendían en el hogar. Mi madre, de carácter afable, siempre lo regañaba. Así que él pasaba tanto tiempo como podía con sus amigos. Albert y él se llevaban de lo más bien, aunque es difícil imaginarlo. Albert usaba ropa y zapatos blancos, como si tuviera una hacienda en los trópicos. Y, bueno, tú sabes lo conservador que era mi padre.

—Entonces, ¿cuándo vio el fantasma?

—Eso debe de haber sido en algún tiempo durante la Depresión. Era tiempo de Navidad. Pemmie murió de repente el día de Nochebuena. Por supuesto que Albert se sintió desolado. Se declaró una emergencia general, y mi padre fue a estar con él toda la noche. Nunca yo había pasado una Navidad tan deprimente como aquélla. Lo peor fue el rostro de mi padre cuando volvió al hogar la mañana siguiente. Estaba tan blanco como el cuello de mi camisa.

Lo sentamos y todos nos apiñamos alrededor de él para oír. Por un rato sólo dijo:

—Esa fue la experiencia más aterradora que jamás haya tenido.

Fue una tortura esperar que él continuara. No podíamos imaginar lo que había ocurrido. Al fin nos dijo que estaba sentado delante del fuego con Albert, cuando de repente la puerta se abrió y entró caminando el espíritu de Pemmie. Parece que ella no se dio cuenta de la presencia de mi papá. Sencillamente se dirigió hacia Albert, se inclinó y le besó la cabeza. En ese momento, Albert gritó: "¡Ella me besó! ¡Ella me besó!" Pienso que mi padre estuvo a punto de lanzarse por la ventana.

—¡Qué horrible!

—Tuvo que haber sido diez veces peor para Albert. Él era calvo.

—No debes burlarte de él —intervino Joanna con una risita—. No resulta muy agradable estar afligido.

—Pronto volvió a lo normal. La siguiente Navidad se había recuperado, y estaba casado con una mujer mucho más joven llamada Edith.

Continué manejando el auto en silencio un rato. Pero en mi mente tenía más que simples anécdotas acerca de mi tío Albert. No mucho tiempo después dije:

—Nunca he visto un fantasma. ¿Has visto alguno?

—No —respondió Joanna.

Pero tuvo que haber comprendido que la pregunta era seria, pues me miró y preguntó:

—¿De qué estás preocupado?

—No estoy seguro.

—¿Tu mamá no sabe nada acerca de los fantasmas? —le pregunté.

—Es espiritista.

—Eso. Háblame de eso.

—No sé mucho. Mamá asistía regularmente al centro espiritista local; ella pudiera decirte más. Pienso que, por lo general, hay allí un médium y mensajes para la gente, de amigos, familiares y otros.

—¿De muertos?

—Sí. Son mensajes que dicen cómo es el otro mundo y consuelan. En realidad, todo es muy racional. Existen nuestro mundo y otro mundo, otra dimensión, si así lo prefieres, a donde vamos cuando morimos. Los griegos sabían acerca de ese mundo. Lo llamaban Hades.

— ¿Alguna vez has asistido a una reunión en el centro espiritista?

— Cuando era joven iba mucho con mi mamá. Después perdí la costumbre. Creo que, desde que nos casamos, no he asistido ni una vez. Eso no importa mucho. Los espiritistas no esperan que uno asista todas las semanas.

— No son como las iglesias comunes y corrientes — dije.

Nos estábamos acercando a la calle Oxford. Pasé a Kingsway, e iba mirando los edificios que estaban a mi izquierda.

— Ahí están los peores — dije mientras señalaba.

Me refería a una gran iglesia católica que estaba por el lado de Joanna. La había visto muchas veces cuando trabajaba en ese sector durante la guerra.

— Son hipócritas — continué —. Todos ellos. Tenemos algunos de ellos en mi oficina. Se confiesan los domingos, y luego salen a embriagarse hasta perder el sentido el resto de la semana.

Joanna miró hacia la iglesia, pero no dijo nada.

— ¿Sabes? Me gustaría visitar un centro espiritista — le dije —. Tengo curiosidad de saber qué es lo que allí sucede.

— ¿Qué hay detrás de todo esto, Robert? — preguntó Joanna de repente.

Pensé un momento antes de contestar.

— Me viene desde hace mucho tiempo. Cuando yo tenía unos catorce años de edad, mi padre decidió que yo debía ser confirmado. Esto ocurrió poco después que me envió a la escuela de Stockport. Ninguna de las dos decisiones fue muy sensata. Pero en el curso que recibí antes de ser confirmado conocí a un anciano llamado Hartley. Realmente era un santo. No me importaría si todos los que van a la iglesia fueran como él. Un domingo tuvimos una conversación con respecto al diablo. Por supuesto, como tenía a mi abuela a mi lado, había llegado a creer toda clase de supersticiones y necedades con respecto a ese ser. Pero Hartley dijo algo así: "Lo que hay que preguntar en cuanto al diablo, no es quién es, sino si existe." — Sonreí y seguí —: Me gusta eso. Como ves, Hartley quería decir que nadie podía probar la existencia del diablo. Por tanto, no tenía sentido creer que existía. Con el tiempo llegué a comprender que lo que se aplicaba al diablo, también se podía aplicar a la superstición y a Dios; en realidad, a todo lo sobrenatural. Yo no podía probar la existencia de Dios ni del otro mundo. Esos conceptos nunca hicieron nada útil para mí. Así que abandoné la fe en ellos. Tan sencillo como eso.

Hice una pausa y fijé la mirada adelante, hacia las luces de la ciudad.

— Pero pienso que pudiera haber estado equivocado. No con respecto a la iglesia. La fe cristiana es demasiado improbable, y quienes la practican son tontos. Todas las religiones están llenas de chiflados e hipócritas. Pero el solo hecho de que la religión esté equivocada no significa que no existe el otro mundo. Al fin y al cabo, la gente ha estado viendo fantasmas desde la edad de piedra. Las personas que no tienen ningún credo religioso también los han visto. Opino que eso implica que la religión y el otro mundo son cosas completamente separadas, y que la mejor manera de acercarse uno a lo sobrenatural consiste en comprobarlo científicamente. Debe ser suficientemente fácil obtener pruebas. Sólo hay que observar cuidadosamente. Hay que ir a una sesión espiritista, por ejemplo, y ver si los mensajes son auténticos. Pronto descubre uno si hubo algo manipulado. ¿Entiendes?

— Sí, supongo que así es — me respondió Joanna mientras yo la miraba —. Pero todo eso debe causar una horrible molestia.

— Mira, ¿por qué tú y yo no hacemos una verdadera investigación del espiritismo, y probamos si hay algo en él, o no?

— Cómo no — contestó Joanna suprimiendo un bostezo.

— Bueno, entonces pasemos por el centro espiritista esta noche y averigüemos a qué hora tienen sesión el domingo. Estamos cerca del lugar. ¿No es verdad?

— Robert, ¿tenemos que ir ahora mismo?

— ¿Por qué no?

— Porque estoy cansada y quiero acostarme.

— No necesitaremos ni cinco minutos.

Cruzamos a la derecha, y pronto nos detuvimos cerca del centro espiritista. Ya era tarde. Algunos rezagados estaban saliendo de las tabernas que se iban cerrando, apretando sus abrigos y lanzando resoplidos fríos hacia el aire nocturno. Me metí una mano en el bolsillo y la otra la coloqué alrededor de la cintura de Joanna. Caminamos por la calle iluminada con una luz mortecina, sin hablar. El centro espiritista era un edificio separado que estaba en frente de un estacionamiento. Estaba completamente oscuro. No había en él señal de vida.

— Aquí está — dije mientras examinaba el letrero que estaba sobre la puerta.

— Apúrate, entonces. Hace frío.

Me adelanté para mirar el tablero de anuncios. Luego me sorprendí al ver un hombre que estaba de pie en la entrada. Lo único que vi al principio fue la punta de su cigarrillo que brillaba cuando lo fumaba y lo bajaba con una mano. Pero cuando se movió para quitar el peso de su cuerpo de sobre un pie y ponerlo sobre el otro, capté una vislumbre de su cara. Era enjuta, tenía los pómulos hundidos y unas cejas tan prominentes que le ocultaban los ojos. Parecía que estaba mirando los edificios del otro lado de la calle. Por lo menos no se había perturbado con mi llegada.

— Disculpe, señor — le dije —. No lo había visto.

— No se preocupe.

No ofreció apartarse del paso, así que le dije:

— No sé si usted puede darme una información. Mi esposa y yo queremos asistir a una reunión aquí.

— No hay más actividades esta noche.

— Bueno, ¿cuándo se realiza la próxima?

Hizo una larga pausa antes de contestar. Casi parecía que no estuviera dispuesto a decirme.

— El domingo — respondió al fin —. Si ustedes

vuelven el domingo a las seis, podrán estar en la reunión.

—Gracias. ¿Es usted miembro de este centro?

—En cierto sentido.

Tiró a la acera la colilla del cigarrillo y la destrozó con un zapato. Luego se alejó. Le di las gracias otra vez, pero no me volvió a mirar.

—¡Qué tipo tan raro! —le dije a Joanna.

—Sencillamente un vago.

—Pero dio a entender que es miembro del centro.

—Tal vez sea el vigilante o algo así. Eso tendría sentido. Probablemente cerró el lugar, luego se detuvo a fumarse un cigarrillo antes de ir a su casa.

—Puede ser —dije mientras me encogía de hombros—. Aun así, uno esperaría que él lo recibiera mejor. Casi daba la impresión de que prefería que no viniéramos.

—Los vigilantes son tipos raros.

—Bueno, por lo menos sabemos que el sitio se abre los domingos. No me sorprendería que volviéramos a verlo.

Pero no lo volvimos a ver. Cuando regresamos el domingo por la tarde encontramos un grupo de personas extrañas. Había un total de unas cuarenta personas, la mayoría mujeres sesentonas. Nos quedamos de pie en la parte de atrás del salón. Oí trocitos de conversaciones referentes a maridos, enfermedades y sanidades realizadas por espíritus. El tono general era de susurro y de expectativa.

Más tarde nos saludó el presidente, un hombre que tenía más o menos mi edad, pero era más delgado y un poco más alto. Había perdido la mayor parte de su cabello, y el que le quedaba se lo peinaba esmeradamente a través de la cabeza para disimular la calvicie. Había adquirido el hábito de pasarse la mano hacia atrás por el cuero cabelludo, para comprobar si las cosas estaban aún en su lugar. Después de una conversación corta y torpe, se disculpó diciendo que tenía que arreglar las sillas.

A las seis y media comenzó la reunión. Dejé que todos pasaran hacia adelante y me coloqué en una posición estratégica atrás. Así tuve la oportunidad de observar que aquel salón no se parecía a ninguna iglesia que yo hubiera visto. El uso de sillas en vez de bancos era una diferencia obvia. También había una notable ausencia de decoración. No había vitrales. En vez de altar, había una mesa y un florero sobre ella.

A un lado de la mesa se sentó el presidente; al otro, una médium visitante, a quien el presidente presentó como Rose Dawson. Dijo que era una mujer que tenía talentos excepcionales. Bondadosamente había aceptado hablar esa noche, aunque vivía en otro sector y, por supuesto, también daría las acostumbradas demostraciones de su arte. La mayoría de las ancianas movieron su cabeza en sentido afirmativo. La visitante, que tenía un porte de matrona, y se había puesto un traje de noche de colores rosado y amarillo encendido, nos ofreció una sonrisa de confianza.

La reunión comenzó con un himno intitulado "¡Qué extraño es el otro mundo!". Había acompañamiento de órgano. La voz de la señora Dawson se oía claramente por encima de las demás. Muchas de las ancianas no cantaban. Yo estaba tan ocupado observando la gente que no pude seguir la letra.

Luego el presidente leyó una porción de la Biblia y otra de un libro escrito por un espiritista del cual yo no había oído hablar. Me parecía que nadie ponía atención. Tuve la impresión de que esta parte era preliminar, y que todos estaban esperando que comenzara la verdadera actividad. Juzgué que eso sucedió cuando la señora Dawson se levantó a hablar. Hubo un rápido movimiento de asientos seguido de un intenso silencio.

La médium se colocó al frente, sosteniendo un manojo de notas, de la manera como una dama de honor sostiene un ramillete de flores. Se dirigió a la congregación en voz alta, para hablar sobre el tema de la perfección espiritual. Me pareció que era competente para dar tal charla, aunque estaba viciada de arcaísmos. Me pareció que a ninguna otra persona le importaba eso. Las ancianas en particular murmuraban su acuerdo con los regaños que daba, y suspiraban profusamente cuando la oradora se volvía sentimental. Después de una conclusión dramática, se retiró entre murmullos de "¡Magnífico!" y "¡Bendita seas, querida!"

En ese momento se puso de pie el presidente. Dio las gracias a la señora Dawson y luego se dirigió a nosotros: "Hemos llegado a la última parte de nuestra actividad —dijo—. Es lo que llamamos 'la prueba de supervivencia'. Cuando entró la señora Dawson, me dijo que aquí hay unas fuertes vibraciones. Así que, concentrémonos para producir esas vibraciones, mientras nuestra médium procura oír a los espíritus."

Todos se sentaron muy tranquilos. Unos tenían los ojos cerrados. Otros se quedaron mirando el piso. Con la mayor quietud, saqué una libreta del bolsillo y la abrí en la primera página. Durante un rato hubo completo silencio. Yo podía oír el ruido del tránsito en la carretera de afuera. Nunca había asistido a una reunión como ésta. Me causó una leve sensación misteriosa.

— Estoy viendo un cuadro — fue lo primero que dijo la médium —. Es un soldado de uniforme. También un vocablo. ¿La palabra "amputado" tiene algún significado para alguien?

— ¡Sí! — respondió una mujer.

Di un salto, pues ella estaba junto a mí.

— Es mi esposo. Perdió su pierna durante la guerra, en Dieppe.

— Ahora, oigo nombres: Billie y Charles.

— Billie, sí, es mi tío. Charles fue mi abuelo.

Levanté los ojos para mirarla. La mujer tenía los ojos fuertemente cerrados. Se esforzaba por mantenerse alejada del respaldo de la silla, y sonreía con euforia.

— Mary — dijo la médium.

Esta vez no respondió la mujer, pero pude ver que se esforzaba por pensar.

— ¡Dios te bendiga! — dijo alguien.

Hubo murmullos de estímulo procedentes de todas partes del salón.

— Vuelvo a ver al soldado. Tiene medallas y un rifle. Está muy cerca de usted. Podrá usted sentir el roce de la cara de él contra su mejilla.

La mujer suspiró. Instintivamente miré, pero no vi ninguna forma fantasmagórica inclinada junto a ella. Sólo estaba la mujer, que temblaba levemente.

— Sí, sí — respondió —. Lo siento.

— Le daré a usted un puñado de amapolas — dijo la médium mientras abría los brazos —. Vaya y colóquelas en su tumba.

Las amapolas tuvieron que haber sido simbólicas, pues no vi ninguna sobre la mesa y, sin duda, la señora Dawson no había lanzado ninguna hacia la congregación. Yo estaba dedicado a garrapatear los detalles del caso en mi libreta. Entretanto, la señora Dawson estaba percibiendo otro cuadro.

— ¡Reumatismo! En las caderas — exclamó.

Nadie respondió de inmediato. Imaginé que varias de las personas presentes sufrían de esta enfermedad. Necesitaban algo más explícito.

— Una señora alta con un velo azul.

— Mi mamá — dijo una de las mujeres de la fila del frente.

— Hierbas. ¿Esa palabra tiene algún significado para usted?

— Sí, mi mamá siempre las usaba como medicina.

— Ella tenía razón. Es lo que se debe usar. No hay drogas en el mundo de los espíritus — dijo la señora Dawson, y luego hizo una pausa —. Veo una luz azul sanadora que desciende sobre usted. Su aura es muy brillante. Rodea la parte inferior de su cuerpo. ¿Siente usted el calor?

— Sí, es punzante, como alfileres y agujas — respondió la mujer.

— Eso significa que la luz sanadora está haciendo su obra. Las vibraciones de su mamá son muy fuertes. Ella dice que usted tiene que descansar las dos semanas siguientes para que se haga efectiva la sanidad.

Anoté también este caso. Era fácil verificarlo. Yo podría preguntarle a la mujer si la sanidad se había producido o no. Si se había producido, esa evidencia reivindicaba a la médium. Si no, yo tendría razón para decir que eso había sido un fraude. La mujer estaba sentada algunas filas delante de mí, y su cabeza no se veía bien. Miré a través de la congregación para ver si había algo que me ayudara a reconocerla. La médium había comenzado a hablar de nuevo.

— En la parte de atrás hay un hombre alto. Nunca ha estado aquí. Tiene puesto un saco deportivo verde.

Varias personas miraron alrededor. Momentáneamente me quedé absorto, y me senté chupando la punta del lápiz.

— Sé que tiene muchos familiares en el otro mundo — dijo ella.

Las dos mujeres que estaban delante de mí se volvieron y se secretearon en voz alta. Hice un trazo debajo de la última línea que había escrito y levanté la mirada. En dos segundos había entendido todo.

La señora Dawson me estaba hablando a mí.

Lo primero que hice fue colocar el lápiz sobre la libreta y encubrirlos con mis manos, como si alguien me hubiera sorprendido haciendo dibujos sobre el escritorio en la escuela. Los latidos de mi corazón se aceleraron. Miré a la señora Dawson, quien estaba de pie, con los ojos cerrados y los brazos abiertos hacia mí.

— Estoy percibiendo muy fuertes vibraciones de usted, señor. ¿Es usted un sanador?

— No — dije tartamudeando.

— Eso es muy raro. Muy raro. Estoy viendo a un anciano de cabello blanco. ¿Sabe usted quién es?

En ese momento me estaba recuperando un poco.

— No, no sé quién pudiera ser — respondí.

— Es muy anciano y muy sabio. Le está hablando a usted. Continuamente me llega una de sus palabras: *decisión*. Usted ha tomado una decisión. Él dice que es buena. No debe retroceder; pero necesita dedicación.

La señora Dawson guardó silencio durante unos segundos. Su cara tenía una actitud de intensa concentración.

— Sus vibraciones son increíblemente fuertes — dijo luego —. No puedo retirarme de usted. ¿Está seguro de que no tiene poder para sanar?

— Nunca lo he probado — respondí.

— ¡Ah! Hay mucho para usted en el mundo del espíritu. Le doy . . . le doy una señal.

Luego, la señora Dawson se arrellanó en la silla. Recibió unos dos o tres mensajes más, muy parecidos a los anteriores.

Después el presidente terminó haciendo una oración a los espíritus que habían estado con nosotros esa noche. Me pareció que todo había pasado muy pronto. Casi no había puesto atención a los otros mensajes. Estaba absorto en el que se me había dado a mí. Lo reflexioné vez tras vez, tratando de sacarle hasta la última gota de significado.

Mi reacción dominante era de sospecha. En esa reunión había habido muy poco que pudiera convencer a un escéptico como yo de que los mensajes venían realmente del mundo sobrenatural. Fácilmente la médium pudiera haber recibido algunas indicaciones del presidente antes de comenzar la función. Él sabría, por ejemplo, si el marido de una de las miembros había perdido su pierna en Dieppe. Igualmente era posible que mi suegra le hubiera dado algunos detalles con respecto a mí. Si así era, yo no iba a ser engañado tan fácilmente.

Al mismo tiempo, tenía que admitir que el mensaje había penetrado a través de la armadura mental con la cual me defendía. Había penetrado hasta un nivel en que mi razón era impotente para impedirlo, y sus púas me habían punzado. Me sentí sorprendido, aun lisonjeado, por el hecho de que se pensara que yo tenía capacidades excepcionales para sanar.

Hubo un ruido de asientos mientras las personas se ponían de pie. El presidente recordó a la congregación que se serviría té, como de costumbre, y que la siguiente sesión sería a mediados de semana.

Decidí aprovechar la oportunidad para hablar con la señora Dawson. Ninguna otra persona se había acercado a ella, probablemente por su manera directa, que la hacía casi intimidante. Me presenté.

—¡Ah, el hombre del saco deportivo verde!

— me respondió mientras esbozaba una sonrisa en sus labios pintados de color intenso.

— El hombre de las vibraciones — le dije mientras le tomaba la mano.

— ¡Extraordinario! — exclamó —. ¡Absolutamente extraordinario! Nunca he visto nada parecido.

— Temo que soy escéptico.

— ¿Verdad? ¡Qué lástima!

— Bueno, nadie puede ver las vibraciones, mucho menos yo. Le digo con respeto: usted pudiera estarme embaucando.

— ¡Ah! ¿Pero puede usted ver el amor, la verdad o la justicia?

— Puedo ver sus efectos — contesté lacónicamente —. Si las vibraciones producen algún efecto, no lo he notado aún.

— Pero lo notará, si hace la prueba. Como usted ve, cada uno tiene alguna potencialidad psíquica; pero en algunos está atrofiada, latente. Su potencialidad es tremenda. La ha tenido desde la niñez. Estoy segura de eso. Lo que tiene que hacer ahora es sacarla, desarrollarla.

— ¿Es esa la razón por la que necesito "dedicación"?

— ¡Absolutamente! — exclamó ella sin tener en cuenta el sarcasmo que había en mi voz —. No debe retroceder. Sería un crimen. Los espíritus le dicen que continúe hacia adelante, y sea un sanador. Usted no comprende el servicio que pudiera hacerle a la humanidad. Decidió venir aquí esta noche. Esa fue una decisión correcta. ¡No se detenga!

—Lo siento —le respondí riéndome—. Todo lo que usted dice está bien, pero la única decisión que he tomado es la de investigar el espiritismo, para descubrir si en realidad existe el otro mundo, o hay un Dios, o lo que sea. Aún no estoy seguro de si existe alguna de esas cosas. Usted no puede esperar que me lance a ser un sanador si no creo en los espíritus.

La señora Dawson tomó un sorbo de té, y dejó una mancha de la pintura de labios en el borde de la taza. Luego, con un aire de seguridad dijo:

—Bueno, no lo sabrá hasta cuando haga la prueba. Si las pruebas de supervivencia no lo persuaden (lo cual pudiera ocurrir con un hombre de mente tan fuerte como la suya), tal vez deba asistir a una sesión espiritista, o mejor aún, acercarse directamente a los espíritus.

—¿Quiere usted decir llegar a ser un médium?

—No en seguida. Consígase una tabla de escritura espiritista. Es una buena manera de comenzar.

—Nunca he oído hablar de eso.

—Antes se llamaba tabla de brújula. En ella están impresos números y letras. Tiene un indicador —un pequeño dispositivo con ruedas— en el cual todos los jugadores colocan su mano. Un espíritu mueve el indicador y deletrea palabras. Usted puede hacer preguntas y el espíritu se las responde.

—Si uno empuja el indicador, por supuesto.

—Eso no se hace. Si cada uno se relaja, y sólo coloca un dedo sobre el indicador, se moverá por su cuenta. Funciona exactamente igual si se usa un vaso boca abajo.

Tuve que haber demostrado una apariencia de duda, pues la señora Dawson agregó:

— Pruébelo y verá — su voz se volvió confidencial —. Mire, no querrá usted meterse en fruslerías como esta reunión. Entre usted y yo, estas reuniones abiertas son cosa de niños. En ellas no se manifiesta nada importante. Opino que su función principal es mantener satisfechos a los miembros mayores. Los espíritus dan mensajes agradables, pero realmente no ayudan a que uno desarrolle sus talentos psíquicos. Hay medios mucho más eficaces que estas reuniones para hacer contacto con el otro mundo. La tabla de escritura espiritista es uno de ellos. Luego, cuando usted haya cultivado su conciencia espiritual, puede actuar como médium, es decir, permitir que los espíritus usen su cuerpo y hablen a través de él. Eso es lo que realmente les agrada. Algunos de esos espíritus no han estado en un cuerpo humano desde hace siglos.

— ¿Con qué clase de espíritus hace usted contacto?

— Con toda clase. Muchos de ellos no tienen ninguna importancia. Pero no todos son así. El otro día hice contacto con el rey Juan.

— ¿Algunas veces hace contacto con Dios?

— No. Dios no habla ni se mete en la gente. Él es el principio del Amor Total que sostiene el universo. Él lo guiará. Conozco a un par de personas que, en profundo trance, realmente lo han visto. Pero no es espíritu humano. Tiene que recordar eso. Todos los espíritus que vienen a reuniones como ésta, en algún tiempo han vivido en hombres y mujeres sobre la tierra.

—Su vida debe de estar en constante peligro. ¿Qué ocurre si hace contacto con Gengis Kan?

Pero si la señora Dawson comprendió la broma, decidió no tenerla en cuenta.

—No, es completamente errado pensar en el mal como un absoluto. Todos los espíritus son básicamente buenos, aun los que fueron asesinos, o algo por el estilo, en su existencia corporal. Sólo difieren en el grado de su amor. Dios los mantiene a todos en orden y, de cualquier modo, no hay peligro si uno toma agua después del contacto. El agua se lleva cualquier influencia maligna.

Hizo una pausa y me miró reflexivamente.

—Sí, estoy convencida de que usted tiene la capacidad de ser sanador. Realmente tiene que desarrollarla.

—Y si la tuviera —dije y encogí los hombros—, ¿entonces, qué?

—Entonces usted puede llegar a ser muy famoso, señor Lee.

Una vez más, esta observación me penetró. Eso de ser famoso me atraía mucho. De inmediato suprimí el pensamiento, y tomé el asunto con ligereza.

—Creeré eso cuando ocurra. Gracias. Mucho gusto en conversar con usted.

Me retiré de ella y me uní a Joanna, que estaba cerca de la puerta con el abrigo puesto. La mayoría de los concurrentes se había ido.

—¿Qué descubriste? —me preguntó ella.

—Casi todo, menos lo que cuesta —le dije con una sonrisa—. La señora Dawson sería un acontecimiento en una de nuestras salas de exhibición.

Algún día le preguntaré si le gustaría vender ollas eléctricas.

—¿Crees que hablaba en serio cuando se refirió a los poderes para sanar?

—Estoy seguro de que sí. Los vendedores son personas muy serias. Son tan convincentes que le quitan hasta las patas posteriores a un burro, si huelen que va a ser negocio.

—No parece que estás tragando la idea.

—No —le respondí mientras le tomaba el brazo y abría la puerta—, hasta el momento el caso está definitivamente sin probar.

Pero si el caso no estaba probado, de seguro no estaba cerrado. Hice un esfuerzo consciente por pasar por alto el mensaje que me había llegado. Al mismo tiempo, me sentía impulsado a llevar la investigación más adelante. Sentía que sencillamente tenía que llegar hasta el fondo del asunto, y satisfacerme de alguna manera. La intensidad de este impulso me sorprendía, pero no tenía razón para cuestionarla.

En el transcurso de la semana siguiente fui a varias tiendas en busca de una tabla de escritura espiritista. No conseguí ninguna. Al fin, decidí tomar un libro prestado de la biblioteca y seguir las instrucciones para construirme una. Corté un cuadrado grande de cartón, y a través del centro escribí en dos líneas levemente arqueadas las letras del alfabeto. En las esquinas de arriba coloqué las palabras SÍ y NO respectivamente y, debajo del alfabeto, los números del uno al nueve, seguidos de un cero. En el extremo de abajo coloqué en letras mayúsculas la palabra ADIÓS. En el plan que yo estaba usando había muchos adornos, principalmente de cuerpos celestes como el Sol y la Luna. Pensé que no valía la pena reproducirlas.

Cuando llegué a usar la tabla, la coloqué en el centro de la mesa del comedor, y sustituí el indicador por un vaso común. Jugaba con Joanna y, algunas veces, también con los dos hijos mayores. Las primeras veces, los resultados fueron indiferentes. De cuando en cuando, parecía que el vaso se movía por sí solo, pero la mayoría de las veces yo no estaba seguro de si nosotros lo habíamos movido o no. Continué intensamente interesado, pero no convencido. Luego, algunas semanas después de nuestra visita al centro espiritista, sucedió algo que cambió el curso de mi vida.

Habíamos limpiado la mesa después de la cena, y coloqué en la mesa mi improvisada tabla. Abrí mi libreta, y la puse en la mesa frente a mí. Como de costumbre, guardamos un tiempo de silencio antes de comenzar. Luego colocamos el dedo índice de la mano derecha suavemente sobre el vaso. De inmediato sentí que la superficie de la tabla estaba tan resbalosa como hielo. Cuando pregunté: "¿Hay alguien aquí?", el vaso se deslizó suave y rápidamente hacia el SÍ.

Joanna y yo intercambiamos miradas. Ella también lo había sentido.

— ¿Quién es usted? — pregunté.

El vaso se movió de inmediato e indicó las letras que forman la palabra M-A-D-R-E.

— ¿Cuándo murió usted?

— 1-9-5-9.

— Pregúntale de quién fue madre — me insinuó Joanna.

— ¿De quién es madre usted? — lo repetí lenta y claramente.

— D-E-T-I.

— Tú lo estás empujando — dije, levantando la mirada firmemente hacia Joanna.

— No.

— Tienes que ser tú.

— Te lo juro, Robert — replicó con vehemencia —, *no lo estoy empujando.*

Ella decía la verdad. Miré al vaso que indicaba la letra I, y sentí que mi estómago comenzaba a revolverse. Hubiera sido fácil manejar mensajes del otro mundo si fueran anónimos. Pero al saber que decían venir de mi madre, me estaba poniendo nervioso. O eran un horrible truco, o la médium había tenido toda la razón. Sólo había una manera de averiguarlo.

— Espíritu — dije —, ¿cuál es su nombre?

— M-E-G.

Quité la mano del vaso y lentamente me incliné hacia atrás en la silla. Ya tenían mis padres varios meses de haber muerto. Probablemente había menos de media docena de personas vivas que sabían que mi padre llamaba Meg a mi madre. Era un apodo cariñoso que rara vez él usaba fuera de la vida privada del hogar. El verdadero nombre de ella era Maggie. Por supuesto, tanto Joanna como yo sabíamos el secreto; pero también sabíamos que el vaso se había movido independientemente de nuestra voluntad.

Quedaba una sola explicación posible: que en

realidad había un mundo espiritual, más allá de nuestro mundo, donde se hallaban los espíritus de lo muertos; y que el espíritu que nos había respondido esa noche era el de mi madre.

— Caso probado — dije mientras miraba a Joanna.

Guardamos la tabla de escritura espiritista. Yo pensaba que habíamos llegado a un hito y que, por alguna razón, sería inapropiado seguir esa noche. También pensaba que debía reflexionar en las cosas. Joanna se fue a la sala, donde los niños estaban viendo televisión. Me quedé solo.

Me quedé largo rato totalmente quieto con los brazos doblados sobre la mesa. No habíamos corrido las cortinas. Yo podía ver un oscuro reflejo del cuarto que se proyectaba en las ventanas que daban al patio de atrás. No había nada muy claro. Para jugar, habíamos bajado la intensidad de las luces, y Joanna no las había vuelto a lo normal cuando salió. Yo parecía una figura espectral agachada, absorta. Me parecía que esa imagen se adaptaba muy bien a mi nueva situación.

El mundo ya no era aquella corta aventura que yo había imaginado, en la cual el hombre luchaba por lograr un éxito momentáneo, antes que la muerte lo extinguiera para siempre. Como todos los demás, yo viviría mucho más de lo que había pensado. Esto me consolaba. Nunca me había agradado la esperanza de podrirme en un ataúd. Por otra parte, eso me causaba cierta aprehensión nerviosa, pues no tenía idea de lo que me esperaba en el otro mundo, y me hubiera gustado echarle un vistazo antes de ir.

Pero había asuntos más urgentes que tenía que considerar en ese momento. Evidentemente, yo estaba muy dotado de espíritu, y eso tendría importantes implicaciones en el transcurso de mi vida en este mundo. Si había de creer lo que me había dicho la señora Dawson — ¿y por qué no debía creerle? —, yo tenía la capacidad potencial de realizar milagros de sanidad. Me vino una extravagante fantasía: me vi caminando por los pabellones de los hospitales, levantando a personas que tuvieran enfermedades incurables, mientras los médicos me miraban con consternación. Los medios de comunicación no podrían dejar de dar esas noticias. Además, yo estaría realizando un valioso servicio a la humanidad. Siempre me había gustado considerarme como un filántropo. Ahora me estaban ofreciendo la oportunidad en bandeja de plata.

Hasta ese momento, sin embargo, sólo era una oportunidad. Las capacidades de sanidad tenían que ser aprendidas, cultivadas, practicadas y perfeccionadas. La señora Dawson no me había ofrecido llevarme como un aprendiz. En realidad, había hablado como si este arte pudiera aprenderse de manera completamente aislada. Lo único que me había aconsejado era que me acercara a los espíritus. Ya había comenzado a hacer eso. Sin embargo, los espíritus eran sólo personas muertas. ¿Sabían ellos realmente mucho más con respecto a la sanidad que los hombres como yo, que aún estábamos vivos? Probablemente no. De ahí se deducía que yo debía ir directamente a la suprema instancia, y buscar instrucciones directamente de

Dios. Según la señora Dawson, Él no era tan grande como para no guiar a la gente.

Reflexioné en eso un rato. Luego me puse de pie y tranquilamente cerré la puerta, para dejar afuera el ruido de la televisión. Por primera vez en treinta años, iba a orar. Al principio tuve la inclinación de arrodillarme, pero me detuve. Dios no era la clase de persona que los cristianos creen que es. No quería que nos envileciéramos ante Él y le suplicáramos. Era mucho mejor mantener el respeto a mí mismo y presentar mis peticiones de una manera fría y dignificada. Me senté de nuevo a la mesa, entrelacé los dedos de las dos manos y cerré los ojos.

"Dios —dije—, para satisfacción mía, he probado que tú realmente existes. Habiendo hecho esto, ahora deseo servirte, y usar mis talentos de una manera que beneficie a la humanidad. Comprendo que necesito tu ayuda para aprender a sanar. Respetuosamente te pido que me concedas esa ayuda. Estoy dispuesto a darte mi tiempo y mis recursos, dentro de lo razonable, y a cambio de eso, tú serás el poder que reconoceré en toda sanidad que realice."

Me preguntaba si debía agregar "Amén", pero decidí no hacerlo. Eso era acercarme demasiado a las oraciones de las personas ortodoxas y desorientadas. Eso probablemente no adelantaría mi causa. En vez de ello, esperé tranquilamente. Después oí una voz que hablaba con toda claridad en mi mente.

La voz decía: "A Dios le agrada que lo estés buscando. Nos ha enviado para ayudarte a encontrar el camino."

Era la voz del espíritu guía.

4
DESCENSO AL INFIERNO

Me habían traicionado. Ahora lo sabía. Los tonos benévolos empleados por el espíritu guía cuando lo escuché por primera vez estaban en agudo contraste con la voz que oía ahora. Esta era la voz del diablo que juraba que me volvería loco. Impotente, eché una mirada alrededor de la oficina, para tratar de comprender el mundo cotidiano y escaparme de aquella pesadilla. Pero el salón me parecía sombrío y cavernoso. Era como si hubiera estado bajando al infierno, y la puerta se hubiera cerrado detrás de mí. Adelante, el camino seguía cuesta abajo. Estaba atrapado.

En cierto sentido, había alguna clase de ironía enfermiza en todo esto. Yo no dudaba que la voz era la del diablo. Era tan absolutamente aterradora que no podía venir de ninguna otra persona. Sin embargo, yo había estado demasiado engreído en que el diablo no existía. Una de mis primeras decisiones religiosas había sido la de considerarlo como una ficción. Aunque al entrar en el espiritismo, reconocí la existencia de Dios, no había dedicado ni un momento serio de reflexión al diablo. Él había permanecido escondido hasta que yo caí completamente en la trampa. Sólo en ese momento, cuando no tenía ninguna vía de escape, se había quitado la máscara. Por un momento, mi mente examinó lo ocurrido en los últimos meses con absoluta incredulidad ante mi propia ceguera.

Las voces habían comenzado su obra de manera sutil. La primera parte de mi adiestramiento (como ellos lo llamaban) consistió en un cambio de dieta. Me dijeron que estaba comiendo mucho, y que cualquiera que tuviera la esperanza de llegar a ser sanador debía ser un poco más frugal. Probablemente este era un buen consejo. Los almuerzos de negocios eran generosos. Además, las muchachas de la cantina consideraban que era su deber engordarme. Con frecuencia llegaba a la casa sin ningún apetito a disfrutar de una cena hecha en casa. Así que me acostumbré a comer porciones más pequeñas, y algunas veces no almorzaba. Como resultado, se recibían mis infrecuentes visitas a la cantina con bondadosas lisonjas. "¡Hola! ¿Dónde has estado, extranjero?" me preguntaban las muchachas. Otras veces me decían: "Bueno, ¡aquí está el esqueleto andante!" Sin duda, estaba adelgazando. Pero no me molestaba que se burlaran de mí, pues me sentía en mejores condiciones físicas.

En el transcurso del día, una de las voces, generalmente la del espíritu guía, me hablaba. Al principio, eso fue raro e irregular. Mientras yo reflexionaba sobre las cuentas, una mañana, el espíritu guía me dijo que mi secretario de finanzas, a quien acababa de ver, tenía una aventura amorosa con una secretaria del departamento de administración. Informaciones como ésta no eran confirmadas por ninguna otra fuente, pero yo las tomaba como información interna útil. Uno no sabía cuándo podría ser necesario aplicar presión a algún miembro del personal. Al fin, me había formado un expediente muy impresionante.

Fue muy poco el adiestramiento que recibí en el arte de ser sanador. Según me dijo la voz, primero era necesario trabajar para desarrollar la confianza entre Dios y yo. Para lograr este fin, me asignaron series interminables de ejercicios, tales como lograr que mi mente quedara en blanco para que Dios pudiera usarla. Particularmente les gustaba hablarme de noche. Pocas noches pasaban sin que el espíritu guía me diera una charla, o me mostrara brillantes cuadros animados en la oscuridad. Llegó el día en que se hicieron visibles a plena luz del día, sobre una pantalla alta que tenía forma de puerta. Los cuadros eran insignificantes: pies que marchaban, labios que se movían, pájaros, nubes. Pero yo los seguía ávidamente, llevado por una onda de puro entusiasmo.

Tres o cuatro meses después, comencé a flaquear. No había perdido mi celo original de obedecer las instrucciones de Dios. Sólo sentía que el espíritu guía me estaba empujando demasiado. Sus intervenciones en el trabajo estaban ocurriendo en los momentos más inconvenientes: cuando estaba trabajando con límite de tiempo, o hablando en alguna conferencia. A menudo, escasamente me detenía antes de responder, como si realmente estuviera en la sala. Todo esto empeoraba por el hecho de que las conferencias de la noche se prolongaban algunas veces hasta las primeras horas de la mañana, lo cual me causaba una seria pérdida de sueño.

La primera persona con quien hablé al respecto fue Joanna. Hasta ese momento, ella no sabía nada de las voces. En todo caso, yo había estado pensando que ya era tiempo de que le contara mis experiencias. Así que un sábado, mientras los niños estaban afuera, le expliqué lo del espíritu guía y lo del adiestramiento secreto. Le pregunté qué hacían las personas cuando los espíritus las sometían a demasiada presión. Ella no tuvo en cuenta la pregunta. Más bien dijo que este "adiestramiento" explicaba el hecho de que recientemente yo había descuidado a la familia. Se mostró agradecida de que, después de todo este tiempo, hubiera recibido una explicación. Me había demorado demasiado. Dijo que, en cuanto a las voces, ese era problema mío, y no podía esperar que ella me lo resolviera. ¿Por qué no hacía contacto con un médium?

La reacción de ella me pasmó. Era cierto que mis actividades me habían llevado fuera del hogar varias noches por semana; pero no se me había ocurrido que la familia estuviera sufriendo. Siempre había considerado que contaba con el amor y el apoyo de ellos. Pero, según ella, la estaba descuidando. Había conseguido dos problemas por el precio de uno. Aun así, pensé que no ganaría nada con preocuparme. Más me valdría seguir el consejo de Joanna: telefonear a la señora Dawson. Si por lo menos resolvía el primer problema, había la posibilidad de que el segundo sencillamente desapareciera.

Tuve que hacer varios intentos para hallar el

número de la señora Dawson. En Watford había veintenas de personas con el apellido Dawson y, por supuesto, ella tendría que aparecer con la inicial de su marido. El teléfono sonó largo tiempo antes que alguien levantara el receptor.

—Hola.

—Hola. Deseo hablar con la señora Rose Dawson. ¿Marqué el número correcto?

—Soy la señora Dawson.

—Lamento molestarla, señora. Soy Robert Lee.

—¿El señor Lee? —preguntó con incertidumbre.

—Nos conocimos hace tiempo en un centro espiritista. Usted dijo que yo tenía vibraciones.

Al fin cayó en la cuenta.

—¡Ah, sí! Ya recuerdo. Espero que todo marche bien.

—No estoy seguro de eso. Seguí su consejo con respecto a la tabla de escritura espiritista. He llegado a ser un espiritista completamente dedicado. Pero estoy metiéndome en problemas.

—¿Verdad?

—Oigo unas voces que me dicen que Dios las envió a adiestrarme.

—Eso es muy normal. Son espíritus conocidos. Yo también las oigo.

—Pero no me dejan tranquilo. Algunas veces no me dejan dormir antes de las dos de la mañana, y aun así, me despiertan en el transcurso de la noche.

—¿Les ha hablado a ellos acerca de esto?

—Dicen que esas son las instrucciones de Dios.

El adiestramiento es tan urgente que no se puede detener.

Ella guardó silencio.

—¿Puedo tener una entrevista con usted para que ore por mí, o haga alguna cosa? No me he acobardado. De veras quiero ser un sanador. Pero pienso que estos espíritus conocidos pudieran ir a paso más lento.

—No estoy segura de que pueda hacer eso —respondió ella lentamente—. Al fin y al cabo, las instrucciones de Dios deben obedecerse. Sugiero que si lo despiertan, encienda una luz, y lea un rato. Eso le tranquilizará la mente, y hará que duerma con más facilidad.

—Pero no quiero que me despierten en absoluto.

—Bueno, eso es parte del adiestramiento, y no durará para siempre.

—Espero que no —le respondí melancólicamente.

—Mire el lado risueño del asunto, señor Lee. Dios quiere que usted sea un gran hombre con extraordinarios poderes sanadores, que pueda ayudar a la gente. Es razonable que su adiestramiento sea riguroso.

—Sí, por supuesto, pero ... —mi voz se fue apagando paulatinamente.

Quería decir que, hasta ese momento, el adiestramiento no me había enseñado nada con respecto a la sanidad, y en mis momentos más débiles me preguntaba a dónde me llevaría todo esto. Pero sabía que eso era una debilidad. Tenía que mantenerme firme.

—No, usted tiene razón —le dije al fin—. Me disculpa si le doy la impresión de que me estoy quejando. Sencillamente pensé que debía cambiar impresiones. ¿Le importa si la llamo de cuando en cuando para pedir consejos?

—Es mejor que llame el Centro Espiritista de Amersham en Bristol. Le darán mejores consejos que los que puedo darle yo. Busque el número en la guía telefónica.

Le di las gracias y colgué el receptor.

La llamada me había sido de provecho. Había sido alentador hablar con alguien que creía en mí y comprendía la clase de pruebas por la cual estaba pasando. Eso había fortalecido mis nervios. Al mismo tiempo, me sentía un poco culpable, en primer lugar, por haber necesitado hacer la llamada. Si en realidad yo estaba tan grandemente dotado con las vibraciones de sanidad, no estaba demostrando suficiente aguante. Dicho en palabras del espíritu guía, eso no agradaría a Dios. Decidí demostrar mi dedicación obedeciendo sus mandamientos más despiadadamente que antes. Nadie me llamaría cobarde ni prófugo.

Pero la presión aumentaba. Una de las razones era que mi vida de hogar había empeorado drásticamente. No podía demostrar mi entusiasmo por el adiestramiento sin asistir fielmente a las reuniones espiritistas. Como resultado, pasaba aun menos tiempo con mi familia. Eso no habría sido tan malo si hubiera sido un borracho que habitualmente hubiera salido por las noches y hubiera dejado la familia en casa. Pero yo había sido siempre un hombre de familia: aprovechábamos conjuntamente los días feriados y las excursiones; juntos trabajábamos en el jardín, leíamos y comíamos. Cuando yo salía, mi ausencia era sumamente notable. Como mis nuevas actividades ocupaban cuatro o cinco noches de la semana, la familia sentía definitivamente que yo la estaba abandonando. Joanna y los muchachos comenzaron a labrarse una vida por sí mismos, en la cual yo no participaba.

Además, descubrí que el adiestramiento cada día era más duro de soportar. Las tareas que se me asignaban, para que probara mi confianza en Dios progresivamente llegaron a ser más extravagantes. Por ese tiempo, comenzaron a pedirme que hiciera visitas, de las cuales la última que había hecho a *Gossander* constituía un ejemplo típico. Yo tomaba de buen humor la mayoría de estas tareas, pero la fatiga me hacía perder de cuando en cuando la paciencia, y entonces le preguntaba al espíritu guía qué estaba haciendo él. Sofocaba con ira las quejas que yo presentara. Pronto aprendí que, si las voces no podían lograr lo que querían mediante la persuasión, acudían a la intimidación.

Yo acataba sus deseos lo mejor que podía. Algunas de sus órdenes eran espeluznantes. Una vez, mientras regresaba del trabajo, el espíritu guía me dijo que soltara el volante y lo dejara manejar a él. Obedecí, y el auto se manejó por sí mismo, y pasó cuatro esquinas angostas hasta llegar a la entrada del garaje de mi casa.

En el trabajo, las voces interferían casi continuamente. Yo no podía hacer nada sin tener que sostener al mismo tiempo una conversación con el espíritu guía o con alguno de sus amigos. Esto era especialmente horrible cuando estaba con otras personas. Me hallaba haciendo malabarismos con las respuestas, algunas de las cuales dirigía a mis compañeros de trabajo, y otras, en mi mente, a los espíritus. Me las arreglaba notablemente bien, pero la presión que me causaban las noches de insomnio iba en aumento. Sólo era asunto de que pasara el tiempo antes que me confundiera y les contestara a los espíritus en voz alta.

Por fin sucedió en una consulta de la gerencia. Se celebraban las consultas más o menos una vez al mes entre el gerente y los tres directores principales, de los cuales yo era uno. Stan y yo habíamos dedicado varias semanas a la preparación de esta consulta en particular. Íbamos a hacer ciertas proyectos que, si eran aceptadas, alterarían la estructura de la industria en nuestra región. El gerente le había pedido a Stan que presentara unos planes para la reorganización del departamento de administración. Stan estaba explayándose en su respuesta, haciendo ciertos ademanes con la pluma, y de cuando en cuando me volvía a mirar en busca de apoyo. De repente, el espíritu guía dijo:

— Tienes que ponerte de pie de inmediato.

Yo estaba haciendo todo lo posible para concentrarme y, antes que pudiera detenerme a mí mismo, dije con tono irritado:

— Ahora no. Estoy ocupado.

Stan se paró en seco. El gerente me miró y preguntó:

— ¿Cómo dijo?

Sentí que la sangre me subía a las mejillas. Tosí

y mascullando dije que había estado pensando en otra cosa, y que inadvertidamente había expresado mis pensamientos. Los demás se mostraron corteses. El gerente le dijo a Stan que continuara, y no se habló más acerca del incidente.

Esa tarde, sin embargo, Stan llegó a mi oficina. Al principio, su visita parecía ser casual. Hablamos sobre cómo había resultado la reunión de la mañana, y tratamos de evaluar los resultados. En realidad, nuestras proposiciones habían sido referidas a una subcomisión, lo cual hubiera podido ser una manera encubierta de abandonarlas. De todos modos, parecía improbable que hubiera cambios mayores en los siguientes seis meses. Abandonamos el tema. Hubo un corto silencio, después del cual Stan dijo:

— Últimamente has tenido algún problema en tu mente, Robert.

— ¿Yo?

— Claro que sí, no tienes que engañarme. Si un individuo sencillamente está fantaseando, no grita durante una consulta.

— No. Tienes razón. Imagino que he estado un poco tenso con el desarrollo del proyecto. Me preocupo por él más de lo que debiera.

— Todos tenemos problemas de esa clase — respondió, mientras fruncía los labios —. Phyllis — prosiguió luego de una leve pausa — me dice que estás interesado en el espiritismo.

— ¿Otra vez está difundiendo rumores acerca de mí? — le pregunté en tono de broma.

— Nada de rumor. Por poco la arrastras hasta una sesión espiritista, según lo que oigo.

— Sí, admito que estoy muy interesado en el espiritismo. Es un pasatiempo. Paso por el centro espiritista y juego con la tabla de escritura espiritista por las noches. ¿Qué hay de malo en eso?

— No lo sé — respondió Stan —. Siempre me ha parecido que es algo sombrío. Es una de esas cosas en las cuales uno no quiere meterse muy profundamente.

— ¡Ah! Deja de fastidiarme — lo increpé —. No es peor que el juego de azar. Yo sé que tú te echas de cuando en cuando tu jugadita a los caballos.

— Supongo que no — dijo, mientras sonreía y se ponía de pie —. Entre paréntesis, ¿cómo está tu bella esposa? Eché de menos el bailar con ella en la última fiesta.

— Está bien. Sólo que algunas veces se cansa al fin de la semana. El último viernes dejó que yo fuera solo.

— Bueno, me le das mis recuerdos. Nos vemos.

Cerró la puerta, y me desplomé sobre la silla y solté un gemido. No había duda de que el jefe lo había enviado a hablarme. Stan no era de los que andan curioseando. Me estaban descubriendo e investigando las señales de tensión. Stan era un buen amigo. No me gustaba practicar tácticas obstruccionistas con él. ¿Pero qué más podía hacer? Si él hubiera podido entender la presión bajo la cual me encontraba, aun así no habría podido decírselo. Si un susurro acerca de mi problema llegaba a oídos del gerente, tendría que ir a las filas de los desocupados. Mi única opción consistía en seguir encubriendo. No sería fácil. Stan había sido suficientemente perceptivo como para notar la ausencia de Joanna de la última fiesta. Pero no había otra opción.

Al mismo tiempo, yo sabía que tenía que hacer algo con respecto a la presión del adiestramiento. Cada vez que le decía esto al espíritu guía, sencillamente se reía de mí. Me decía que yo carecía de confianza. Eché una mirada a través de la oficina, y vi un mar de puños levantados en la pantalla rectangular. Las voces parloteaban como un aparato de radio que no podía apagar. Era una maravilla que yo pudiera trabajar en tales condiciones. Saqué la guía telefónica de Bristol y la abrí sobre la mesa. Efectivamente, el número del centro espiritista aparecía allí. ¿Pero me atrevería a telefonear? Las voces podían volverse molestas cuando quisieran y, en todo caso, pudieran presentarse de inmediato para indicarme que la debilidad de mi parte sólo prolongaría el adiestramiento en vez de acortarlo. Vacilé largo rato antes de levantar el receptor.

Me dieron una cita para la semana siguiente. La esperé con aprehensión. Estaba actuando en contra de las órdenes, y esperaba el golpe en cualquier momento. Pero, aunque el espíritu guía tuvo que haber sabido lo que yo estaba haciendo, no hizo ningún comentario. Eso me causó sospechas. Era posible que él hubiera entendido mal mis motivos; pero yo tenía la impresión de que los conocía demasiado bien, y de que estaba esperando para ver hacia donde iba a saltar yo.

Cuando llegó el día, me llevaron a una sala de estudio que estaba en la parte alta del centro espiritista. Había abrigado la esperanza de conversar directamente con el gerente de la oficina, pero en la recepción se me dijo que no estaba disponible. Tenía una alternativa: tomar una sesión de una hora con un médium. Al llegar, noté que todas las persianas estaban cerradas. El médium, que evidentemente era famoso, brevemente me estrechó la mano y se presentó como Quentin Sykes. Esperaba que me preguntara qué quería, pero sólo me condujo a una simple silla de madera y en aquella semioscuridad se sentó frente a mí. Hubo una pausa. El médium se había sosegado y me miraba vagamente la frente.

—¿Puedo decirle por qué estoy aquí? —me aventuré.

Quentin Sykes no respondió. Estaba en trance.

—¿Puedo decirle . . . ? —repetí, pero no pude despertarlo. Suspiré y esperé para ver lo que ocurriría.

Después de un tiempo que me pareció como una eternidad, un débil sonido salió de los labios del médium. Al principio era sólo un refunfuño, pero fue creciendo hasta que se podían oír palabras y frases. Yo escuchaba atentamente. Era un continuo monólogo rápido y confuso. Las frases se entrelazaban sin ningún orden discernible. Sólo de cuando en cuando se oía algo que tuviera sentido. "Escogido —seguía diciendo—, vas a ser un sanador." Luego: "Paciencia, sé paciente." También: "Tienes que confiar en nosotros."

Era la misma clase de cacofonía que yo tenía en mi cabeza. Me enfureció el hecho de que eso viniera de Quentin Sykes, por cuyos servicios yo estaba pagando una gran cantidad de dinero.

—¡Señor Sykes! —le grité.

Pero las palabras que salían de su boca ahogaban las mías. Parecía que llenaban de susurros aquel gran salón.

—¡Señor Sykes! —repetí en voz alta—, todo eso ya lo sé. Usted sencillamente está sintonizado con las voces que oigo todo el tiempo. Lo que quiero . . .

Hice una pausa para respirar. Era como si estuviera luchando contra una pared de puro sonido.

—Lo que quiero es que me aconseje sobre cómo controlar esas voces. ¿Me oye? ¡Quiero consejos!

El parloteo se calmó y el señor Sykes volvió en sí. Sus ojos se movían levemente, como si estuviera despertando de un profundo sueño. Luego se puso de pie. Casi se sorprendió al verme.

—Confío en que eso le haya sido provechoso.

Dijo eso mientras, con un gesto amistoso, me señalaba la puerta.

Me dieron ganas de protestar vigorosamente. Me detuve abruptamente y salí aprisa del salón. Quedé convencido de que la sesión había sido un insulto calculado, una broma cruel puesta en escena por el espíritu guía. Con razón se había mantenido tan tranquilo con respecto a mi visita al centro espiritista. Bajé corriendo por la escalera. Las pisadas sonaban fuertemente. En la mitad de la escalera pasé por una puerta que estaba en el segundo piso, en la cual había un letrero que decía: SALÓN DE SANIDAD. Al pasar, lo vi. Luego me detuve y, por impulso, volví a subir unos peldaños y entré.

Adentro era como el consultorio de un médico. Había sillas colocadas alrededor de una mesa de café, sobre la cual había una maceta con su planta y varias revistas, principalmente espiritistas. Estaba bastante lleno. En realidad, había dos personas recostadas a la pared por falta de asiento. Mientras esperaba parado en la entrada, un apuesto joven vestido de negro salió del consultorio y dijo:

— Pase la señora Stanthorpe.

Una mujer que estaba en un rincón guardó su tejido y se levantó. El joven, notando mi presencia, dijo:

— Le corresponde una larga espera, compañero.

— ¿Cuánto tiempo?

— Un par de horas. Estamos atrasados. Uno de los sanadores está ausente.

Escoltó a la señora por un pasillo lateral y se perdió de vista.

Tomé la repentina decisión de quedarme. Joanna me estaría esperando para la cena, pero yo podría telefonear para decirle que iba a llegar tarde. Si esos sanadores podían ayudarme, valdría la pena quedarme. Así que me recosté a la pared y comencé a hojear una revista. Cuando el joven regresó, puso mi nombre en la lista. Me llamaron tres horas y media después.

El pasillo por el cual habían desaparecido los otros pacientes que estaban en la sala de espera era corto, y tenía ventanas por un lado y sucias puertas grises por el otro. Se me indicó que entrara en la segunda puerta. El hombre que estaba detrás del escritorio tendría unos veinticinco años de edad. Usaba gruesos espejuelos que hacían que sus ojos parecieran como de pescado. Cuando entré, estaba mirando su reloj.

— El último — anunció el ayudante.

El sanador se mostró notablemente aliviado.

— ¿Sí? — dijo mientras yo me sentaba.

— Soy Robert Lee.

— ¿Sí?

— Tengo un problema con los espíritus.

— ¿Sí? — volvió a interrogar el sanador con voz exasperada.

— Me están atormentando. Dicen que Dios los envió a convertirme en un sanador, pero francamente, se están poniendo un poco fastidiosos. Casi no puedo dormir, porque siempre me están hablando; y estoy perdiendo concentración en el trabajo.

— Menuda hora de la noche para tratar de arreglar eso.

— ¿Puede usted hacer algo?

Se quitó los lentes, se frotó los ojos y se los volvió a poner.

— Sí, supongo que puedo hacer algo. ¿Durante cuánto tiempo ha ocurrido esto?

Le respondí la pregunta. Luego me disparó una serie de preguntas que sólo pude contestarle con monosílabos.

— Bien — dijo finalmente —, quítese el saco y acuéstese en la camilla. No le prometo resultados, pero haré lo que pueda. Ahora relájese y mire directamente al techo.

Se colocó junto a mí y colocó las palmas de sus manos a unos quince centímetros de distancia por encima de mi estómago. Lentamente comencé a sentir calor en mis intestinos.

— ¿Está sucediendo algo? — preguntó.

— Estoy sintiendo una leve sensación de ardor.

El sanador retiró las manos, palmoteó, se las sobó y me las volvió a colocar. Volvió el calor, esta vez más intenso.

— ¿Percibe algún cambio?

— Sí, es más caliente, bastante doloroso.

— Bien. Sencillamente aguante. El calor es señal de las vibraciones sanadoras. No le hará ningún daño.

En esta etapa, me mordía el labio. Aun así, parecía que él tenía razón, porque las voces, que normalmente hubieran estado parloteando en mi cabeza, estaban disminuyendo un poco. Le envidié la habilidad para controlarlas, y pensé que tenía mucho que aprender para llegar a ser sanador. Oí las oraciones que repitió en voz baja, y me preguntaba cuánto tiempo pasaría hasta que yo pudiera hacer lo mismo. Paradójicamente, había llegado a resentirme del adiestramiento; pero al mismo tiempo quería proseguirlo. La misma vena terca de mi naturaleza que se rebelaba contra la intimidación del espíritu guía, también me mantenía resuelto en mi determinación de llegar a ser un sanador.

Las voces se debilitaron hasta convertirse en un murmullo. El calor me estaba produciendo mucho dolor. Pensaba que iba a tener que rogarle al sanador que detuviera la acción, cuando de repente retiró las manos y cesó el ardor. Sentí como si un hierro de marcar, calentado al rojo vivo, se hubiera levantado de sobre mi piel. Me senté, un poco mareado.

— Eso es suficiente — dijo el sanador mientras descolgaba el saco del perchero que estaba detrás de la puerta —. Trate de no afanarse. Tal vez convenga que se tome un par de días de descanso. Pronto volverá a la normalidad. Aquí tiene su saco.

— Aún oigo las voces — le dije mientras recibía el saco.

— Notará que estarán mucho más amortiguadas de ahora en adelante.

— Pero, ¿puede usted decirme qué es lo que me ha estado ocurriendo, y qué puedo hacer si el adiestramiento marcha mal otra vez?

— Lo siento, señor Lee — respondió, mientras levantaba la mano para apagar la luz —. Tengo un compromiso urgente, y no puedo quedarme para responder preguntas. Créame que ha sido sanado y no volverá a tener más problemas. Sírvase llevar esta cuenta al escritorio que está en el piso de abajo. Allí le dirán cuánto debe pagar. Discúlpeme.

Pagué, y tomé el siguiente tren hacia mi hogar. Eran más de las nueve de la noche. El teléfono del centro espiritista no funcionaba. Por tanto, Joanna no tendría idea en cuanto a dónde habría estado yo. Me dejé caer en un asiento del tren, y me quedé mirando mi reflejo en el cristal de la ventana. El tren rugía de estación en estación. Todas las paredes parecían iguales: paredes cubiertas de azulejo, propaganda comercial, ancianos con ropa sucia cabeceando en los bancos. Los pasajeros entraban y salían con libros, bolsas y periódicos. No les prestaba mucha atención. Cuando habíamos pasado ocho estaciones, el espíritu guía me habló.

Casi lo esperaba. En ese momento me parecía que las últimas horas, los preparativos furtivos de la última semana, habían sido un ejercicio completamente fútil. El espíritu guía sabía eso. Me había visto corriendo, y en ese momento en que estaba agotado, me estaba cortando la cuerda. El sanador no había hecho nada que sanara mi mal de manera permanente. Me había dado una dosis de morfina que pronto se agotaría. Él y Quentin Sykes probablemente habían estado en la conspiración desde el principio.

— ¿Por qué acudiste al sanador? — preguntó el espíritu guía.

— No sé — no había problema para responder en voz alta. El ruido del tren desvanecía las palabras tan pronto como salían de mi boca.

— ¿Estás insatisfecho con el adiestramiento?

— No sé.

— ¿Tal vez tenías la esperanza de deshacerte de mí? — me preguntó de modo amenazante.

— No lo sé — contesté y me retorcí.

Realmente no lo sabía. Pensaba que ya no sabía nada. Era verdad que yo quería ser un sanador, me parecía que era mucho el adiestramiento, deseaba que las voces se fueran de mí, y estaba determinado a seguir con todo hasta su amargo fin. Estaba confundido y tan cansado que no podía resolver cosas. Deseaba que el espíritu guía me dejara tranquilo hasta saber lo que podría responderle. Mantuve un deprimido silencio.

— No se puede detener el adiestramiento, Robert — dijo una voz gruesa y brusca —. Puesto que has comenzado, tienes que continuar. El hecho de huir no hará que termine más pronto. Así que no pruebes más trucos como el de hoy. Dios no puede ser burlado.

— No — respondí tristemente —. No, lo siento.

— Y lo sentirás aún más.

Un entumecimiento cayó sobre mi rostro, como si me hubieran puesto encima una mano helada. Sentí que los músculos de mis mejillas estaban distendidos y mis ojos estrechos. Estaban fuera de mi control. Traté de detener ese proceso, pero mis nervios estaban paralizados. Momentáneamente pensé que mi cara se iba a partir en dos. Luego se congelaron los músculos rebeldes. Cuando observé mi reflejo en el cristal de la ventana, casi no pude reconocerme. Mis rasgos habían sido cambiados por una amplia y socarrona sonrisa oriental. Todos los que estaban en el carruaje del tren se quedaron mirándome. Yo parecía una estatua de Buda.

Esa expresión de rostro me volvía cada vez que el espíritu guía quería imponer su autoridad sobre mí. Tenía poca razón para hacer eso. A partir de esa noche, se destruía inequívocamente cualquier ilusión de independencia por parte mía. Mi adiestramiento no me permitía más libertad que la que tiene un nuevo recluta en las fuerzas armadas. Mis amos espirituales me manejaban sin misericordia. Si antes habían sido intimidadores, ahora habían llegado a ser tiranos.

El adiestramiento continuó aceleradamente. Hubo más tareas, más disertaciones, más visitas, más imágenes absurdas que se asomaban en mi visión interna. Si yo obedecía, recibía una espléndida alabanza y la seguridad de que pronto terminaría el adiestramiento. Si me ponía terco, o no hacía la tarea, recibía regaño o castigo. El adiestramiento dominaba las horas que pasaba despierto. En realidad, me sentía afortunado si escapaba más de un breve tiempo durante el sueño de la noche. Las relaciones en el mundo normal sólo las mantenía mediante un tremendo esfuerzo de la voluntad. En mi hogar, casi no podía mantenerlas en absoluto. Por la noche, casi siempre llegaba tarde, y encontraba la cena seca en el horno. Por la mañana, me levantaba temprano y me tomaba solo el desayuno. Probablemente con sabiduría, Joanna mantenía a los niños alejados de mí, y restringía la conversación conmigo a lo muy esencial. Si alguna vez llegábamos a hablar de mi problema era para que ella me preguntara por qué me estaba portando como un tonto. Yo respondía evasivamente. Trataba de asegurarle que pronto las cosas volverían a lo normal. Pero me sentía angustiado. El asunto estaba realmente fuera de mi control.

Había dos cosas que me mantenían cuerdo. Una era la seguridad que me daba el espíritu guía, de que Dios estaba complacido con los esfuerzos que yo hacía por servirle. Me aferraba a la esperanza de que, mediante todos mis sufrimientos, algún día saldría de la prueba y quedaría calificado como sanador. Tal vez sería probado por fuego, pero algún día terminaría la prueba. La otra cosa era la provisión de píldoras somníferas. Acudía al médico y le decía que me encontraba en un apuro, y que necesitaba algo que me ayudara a dormir. Me las arreglaba para evadir las preguntas. Unas cápsulas pequeñas de color blanco y verde que él me prescribía se convirtieron en mi salvavidas para el descanso. Como mis pensamientos habían llegado a estar casi de continuo deprimidos, me acostaba con un pila de libros cómicos, me tomaba dos o tres cápsulas y leía hasta que me dormía. De ese modo mantenía las voces a raya un rato.

Pero al fin me llegó la experiencia que me convenció de que estaba a punto de enloquecer. Ya había pasado la medianoche. Joanna se hallaba dormida cuando llegué a casa. Me quité la ropa, y me tiré a la cama, exhausto, pero despierto, dispuesto a leer páginas de tiras cómicas hasta adormecerme. Me tragué un par de pastillas y comencé a leer. Me parecía que el efecto de las pastillas era rápido. Cuando me sentí con suficiente sueño, apagué la luz. Pero, tan pronto como me hube acostado, la voz del espíritu guía forzadamente se abrió paso hacia mi mente.

— ¡Despierta! — me dijo —. Dios quiere que se haga algo de trabajo contigo.

Eso era algo nuevo.

— ¿Qué clase de trabajo? — pregunté casi inconsciente.

— Para que seas un sanador, es necesario que se cambie la estructura de tu cerebro.

— ¿Que se cambie? ¿Cómo?

— Te vamos a insertar una clavija de acero en el cráneo.

Ya estaba completamente despierto. Con horror, comprendí que el espíritu guía no decía esto en broma. Realmente lo iban a hacer. Me sacudí, pero de inmediato un par de garras invisibles me tomaron por los hombros y me lanzaron abajo, boca arriba.

— ¡No! — grité casi histéricamente —. ¡No, no quiero eso!

Me estaba retorciendo, moviendo la cabeza de un lado a otro, gritando para librarme de eso. Pero los espíritus no me hicieron caso. Joanna, aunque tuve que haber gritado como para levantar el techo, dormía profundamente. Gradualmente, las garras inmovilizaron mi cuerpo hasta que quedé rígido. Sudaba de terror. Podía oír que el espíritu guía supervisaba la operación. Me sentía como si estuviera vendado, atado a una estaca, oyendo que se daba la orden. Oía el leve roce del rifle contra el uniforme, el sonido de los gatillos. Trataba de imaginarme cuándo bajaría el pañuelo.

Cuando, uno días más tarde, el dios que yo había seguido tan fielmente me dijo que me iba a enloquecer, comprendí que hablaba en serio. El dolor era tan indescriptible que el sólo pensar en él en mi oficina, ese jueves por la tarde, me produjo náuseas. No había manera de sobrevivir a otra noche como esa. La última vez había logrado sobrevivir porque me había desmayado. Si me volvía a suceder lo mismo — esta vez sería infinitamente peor —, sólo habría dos posibilidades: me volvería loco o nunca me volvería a levantar.

¡Era una opción sombría! Al fin todas las cartas estaban sobre la mesa. Yo sabía lo que había sospechado desde hacía tiempo, pero nunca me atreví a admitir: que el adiestramiento era un señuelo. Probablemente yo no tenía el don de sanar. Sólo me encantaba pensar que lo tenía. Se había usado eso para atraerme a la trampa. ¿Pero qué clase de trampa era? Trataba de pensar de manera sosegada y clara. No era fácil. Podía sentir un frenético latido en mi pecho. Si no tenía cuidado, tendría que añadir una enfermedad coronaria a mis problemas. Haciendo un esfuerzo por poner en orden mis pensamientos, decidí que había sido víctima de una trampa puesta por el diablo. ¿Pero qué interés tenía el diablo en mí? De todos modos, ¿quién era el diablo?

De repente, de aquella niebla que parecía rodearme, surgieron dos puños de hierro. Me forzaron a inclinarme sobre el escritorio. Sólo podía ver el contorno del salón de manera borrosa. El resto del edificio pudiera haber estado en otro universo. Centímetro por centímetro, esas dos manos me hicieron bajar la cabeza hasta el papel secante. Pronto sentí que su ruda superficie se encajaba en mi cara. Me estaban aplastando contra ella como si fuera plastilina. Dolorosamente me enderecé. Luego, al salir de la niebla, vi que la puerta se abrió y la cara de Stan miraba hacia adentro.

— ¡Cielos! — dijo —. ¿Estás bien, Robert?

— Sí, sí — grité —. Estoy muy bien.

Me pareció que no se movía.

— Déjame tranquilo. Estoy bien — le aseguré.

No supe si se cerró la puerta o la niebla la envolvió.

Bueno, ya llegó el fin, me dije amargamente. *Ahora se van a ver las consecuencias de todo esto. El gerente estará aquí dentro de un minuto, y perderé mi trabajo antes de perder mi cordura.*

Me senté humillado e impotente. Sólo era capaz de pensar en lo completamente idiota que había sido durante los últimos cuarenta años. Todo me volvió a la mente: el día en que oí al señor Hartley y llegué a la conclusión de que el diablo no existía; el hecho de que constantemente me había burlado de la iglesia cristiana, por cuanto consideraba que era un grupo de hipócritas y bienhechores desorientados; las investigaciones que había hecho sobre el espiritismo, las cuales había considerado como grandiosas y científicas; y finalmente la engañosa y ridícula idea de que yo iba a ser un famoso sanador mundial.

¡Qué incauto había sido! Por supuesto, podía echar la culpa de haberme extraviado a un buen número de personas. Pero al fin, yo era el responsable de mis propias acciones. Por mi propia cuenta había decidido caminar directamente hacia el infierno. ¡Qué ironía! Si dos años antes hubiera visto a alguien en la posición en que me encontraba en ese momento, me habría reído de esa persona. Habría dicho que estaba mentalmente enferma. Jamás se me hubiera ocurrido que estaba a merced del diablo.

Se fue consumiendo el reproche que me hacía, y me dejó un pequeño residuo de desesperación. Al fin y al cabo, en ese momento importaba muy poco quién había tenido la culpa. Más me valdría enfrentar el asunto y aceptar la culpa. Sólo lamentaba que tantas personas hubieran sufrido por causa de mi ignorancia. En particular, sentía lo que le estaba ocurriendo a mi familia. No sólo había hecho que Joanna y mis hijos se unieran a mí en mi búsqueda espiritista, sino que había arruinado nuestro hogar a la vez. Tal vez pudiera tener la oportunidad de arreglar las cosas con ellos, pero lo dudaba. El diablo había estado jugando conmigo durante un largo tiempo, y ahora que estaba seguro en su red, rápidamente me destruiría. Nadie le daba órdenes al diablo.

Me pareció que me envolvía un inmenso vacío. Mi mente se tambaleaba al borde de la locura, repitiendo sin objeto las palabras: *Nadie le da órdenes al diablo. Nadie le da órdenes al diablo.* Una y otra vez se repetía, como un disco rayado. Cada vez que se repetía, el resultado era más devastador y final. Comprendía que estaba a punto de perder el juicio. Tal vez me quedarían unas ocho o diez horas de vida, tal como la había conocido. Luego, esa misma noche, el diablo regresaría a cumplir su promesa. Me haría perder la cordura.

La historia hubiera podido terminar allí. Pero en ese momento, no sé de qué rincón de mi memoria, apareció en mi mente un nombre en el que no había pensado desde hacía muchos años: ¡Jesucristo!

5
LA HUIDA

Que yo supiera, Jesucristo era el único que le había dado órdenes al diablo, y lo había hecho con impunidad.

En la condición de semiestupor en que me encontraba, la memoria me volvía con sorprendente claridad. Podía ver al señor Hartley leyendo en el Evangelio según San Mateo el pasaje que trata sobre la tentación. Caminaba para allá y para acá, inclinado según su modo característico, sosteniendo el libro a algunos centímetros de la nariz. Ya había leído las tres tentaciones, incluso aquella en que el diablo le pidió a Cristo que lo adorara, y había llegado a la última respuesta de Jesús:

> Vete, Satanás, porque escrito está: Al Señor tu Dios adorarás, y a él sólo servirás.

En ese momento Hartley había levantado los ojos, se había quitado los espejuelos y, de modo concluyente, había dicho: "El diablo entonces le dejó." Lo que Hartley me había dicho en aquella conversación había sido engañoso; pero estas palabras, leídas directamente del Evangelio, me llegaban con la fuerza de una bala. A ciegas, instintivamente, clamé en un suspiro: "¡Señor! ¡Señor! ¡Señor, ayúdame!" Mi lengua estaba tan seca como un hueso, y comencé a toser; pero continué clamando con toda mi energía: "¡Señor! ¡Sálvame, Señor!"

El efecto fue dramático. De inmediato las garras invisibles se apartaron de mí, y me desplomé en la silla. Me parecía que todo estaba ladeándose. Luché para conservar los sentidos, aún pronunciando el nombre de Jesucristo con cada jadeo. Gradualmente, el cuarto fue perdiendo su atmósfera subterránea; la niebla se fue aclarando y, por las ventanas podía ver el vientre gris de las nubes. La luz natural del día volvió a inundar el salón. En medio de aquella confusión, oí la voz del espíritu guía.

— ¡Deja eso! ¡No seas tonto! No puedes hacer nada.

Pero no estuve dispuesto a prestarle atención. Continué clamando casi con lágrimas: "Señor, sé que eres más poderoso que el diablo. Él no te pudo vencer en la tentación. Le dijiste que se apartara de ti, y tuvo que huir. Siento no haber creído en ti. Ayúdame. ¡Por favor!

— Nadie puede ayudarte ahora — dijo el guía bruscamente —. ¡Deja de chillar!

— Jesucristo me puede ayudar. Sé que puede. Tiene que ayudarme — le respondí con sollozos.

— Cristo odiaba la escoria como tú.

— ¡Señor, Señor! — clamé, mientras me agarraba la cabeza con las manos y la movía convulsivamente.

— ¿Y dónde está ese Jesucristo? — preguntó el espíritu guía con sarcasmo.

— No sé. Pero está en alguna parte. Él me ayudará. Lo sé.

—Si puedes hallarlo —gritó burlonamente el espíritu guía—, ¿cómo sabes que está vivo? Lo crucificamos, ¿recuerdas?

Me agarré del borde del escritorio y me impulsé para ponerme de pie.

—Lo hallaré. Tú lo verás.

Por un momento me quedé de pie balanceándome levemente, mientras dejaba que se aclarara mi mente. Todo me parecía anormalmente brillante y claro. Mi mente pudo captar los lunares de suciedad que había en las ventanas y las huellas de las manos de las personas dejadas en el tabique de la salida de la oficina. Jesucristo tenía que estar en alguna parte, tan real como esos detalles de mi oficina. Mientras tragaba con dificultad, me acerqué a la puerta, la abrí y salí.

Caminé apresuradamente por el corredor, pasé por la oficina de Stan, por la oficina de las secretarias, y doblé en la esquina. Pasé por alto el ascensor, abrí la puerta de emergencia y bajé por la escalera. Abajo vi a Fred que llenaba un crucigrama. Se paró de un salto y fue a abrir la puerta, pero yo ya estaba afuera corriendo por el estacionamiento.

—Estás loco —dijeron las voces—. Regresa a la oficina. Si alguien descubre lo que estás haciendo, te despedirán.

Me negué a hacerle caso. Tan pronto como logré poner en marcha el motor, retrocedí bruscamente en curva, luego, con toda la fuerza, cambié a primera y me deslicé hacia las puertas de salida. Dos peatones saltaron a un lado para esquivarme. Hice una parada estridente en la esquina. Luego, escasamente observando para ver si había algún inconveniente, viré hacia la carretera. Estaba tomando la ruta de Ilford, pero no tenía intención de detenerme allí. Iba al centro de Londres.

Si iba a encontrar a Cristo en alguna parte, me imaginé que podría hallarlo en una iglesia. Sólo había una iglesia a la cual le había puesto mucha atención: la Iglesia Católica de Kingsway. Años atrás había estado allí sólo para burlarme. Había entrado a la misa de la tarde. Si todavía se celebraba esa misa, había la posibilidad de que alguien pudiera ayudarme a encontrar a Cristo.

—¿Esperas que los católicos te ayuden? —oí que me decía el espíritu guía—. Son hipócritas. Tú sabes eso.

—No todos lo son —respondí—. No pueden serlo. Algunos son sinceros.

—¿Y qué ocurriría si no lo son? ¿Por qué deben hacer ellos algo para ayudarte? Últimamente tú no has hecho nada para ellos.

—Eso no importa. Son personas bondadosas.

—Tienen muy mala reputación. Tú mismo lo has dicho.

—Sé que lo he dicho, y siento que fuera tan necio. Voy a pedirles disculpas.

—Te sacarán a patadas tan pronto como te vean.

—Voy a donde están ellos —respondí, mientras me agarraba fuertemente del volante—. No me puedes detener.

Las voces gruñeron, pero no me golpearon.

—Entonces ve, pero no esperes de ellos nada que te salve. Estás liquidado.

"Señor —oré susurrando—, te ruego que me ayudes."

Hubo una risa estridente. La imagen de un crucifijo voló hacia mi mente. Me parecía que volaba sobre la carretera que estaba delante de mí.

—Ese es el Jesucristo que adoran los católicos. Sólo es un cuerpo muerto —dijeron las voces—. ¿Por qué oras a un cuerpo muerto? ¿Piensas que un cadáver te va a salvar de nosotros? Ni siquiera pudo salvarse a sí mismo. Habló mucho acerca de salvar a otros, e hizo algunos milagros simples. Pero al fin lo atrapamos. No pudo hacerle frente al diablo.

Por un instante aflojé el acelerador, pero lo volví a oprimir. Jesucristo sí le había hecho frente al diablo. Yo sabía eso. Hice un esfuerzo por sacar de mi mente el cuadro del crucifijo, y traté de recordar lo que dicen los Evangelios acerca de Cristo. Hacía mucho tiempo que los había leído. En realidad, los había leído mucho antes de la confirmación. Sólo me volvían algunas imágenes desarticuladas: Jesús, con un látigo, echó del templo a los que cambiaban monedas; imágenes de ciegos y leprosos; había alimentado a una multitud de miles de personas con una simple cesta de pan. Pasé por esos episodios con la intención de sacarles sentido a las creencias casi olvidadas de mi niñez. Nunca en mi vida de adulto había pensado que esos recuerdos eran tan valiosos.

Durante meses, mis convicciones habían sido muy sencillas: existía un mundo sobrenatural presidido por Dios y poblado por los espíritus de los muertos. Uno podía hablar con ellos y aprender de ellos; pero no había ningún antagonismo, y sin duda no existía en absoluto el mal. Todo estaba guiado por el principio del Amor Total. De repente, me había enfrentado con el diablo, el oponente más severo del Amor Total que hubiera podido encontrar. Detrás de él había una fila de espíritus tenebrosos, que no eran los inocuos espíritus de los muertos de los cuales había hablado la señora Dawson, sino criaturas verdaderamente perversas que estaban al servicio del diablo.

Me sentía como un prisionero que huía de la cárcel. Tan fuerte era la presencia del diablo a mí alrededor que me era difícil creer que aún hubiera lugares libres del control del enemigo. Y aunque me las arreglara para llegar a esos lugares, ¿sería reconocido y aceptado? En un sentido, el espíritu guía tenía razón. Hasta ese momento, yo había tenido una vida totalmente irreligiosa, y no sólo en el sentido intelectual. Detrás de mi apariencia respetable de clase media, yo era bastante corrompido: malgastaba la cuenta de gastos y mantenía una caja llena de revistas pornográficas para hojearlas en el desván. Todo eso me hubiera recomendado muy bien al dios al cual había estado sirviendo, que en realidad era el diablo. ¿Pero qué debía pensar el verdadero Dios?

Ese Dios, y el Cristo de mi niñez, me parecían muy remotos. Para comenzar, casi no recordaba nada con respecto a ellos. Pero la brecha no era sólo de tiempo. Yo sentía que, aunque no hubiera sabido lo que estaba haciendo, al encomendarme al espíritu guía y a su señor, Satanás, había absorbido algo de su naturaleza. De una manera insondable les pertenecía. Tan pronto como pensé eso, comprendí que tenía razón. De en medio de mis primeras creencias, casi olvidadas, surgió una frase con claridad cristalina: *poseído por los espíritus malignos*. No sabía de dónde me había venido; sólo me traía a la mente un opaco y sombrío personaje con quien se encontró Jesús, según los Evangelios. En realidad, yo sabía que también se aplicaba a mí. ¡Yo estaba poseído! El espíritu guía y las otras voces eran espíritus malignos que vivían como parásitos en mí. Estaban bajo una restricción temporal, pero eso no duraría para siempre. Instintivamente sentí que, si no hallaba a Jesucristo de algún modo antes que llegara la noche, estaba vencido.

El tránsito de la tarde no estaba complicado así que avancé rápidamente. Al entrar en Kingsway, eché una mirada a la Iglesia Católica, que se hallaba a la izquierda. Estaba rogando que estuviera abierta. Kingsway era una calle ancha que tenía filas de taxis en el centro, pero poco espacio para estacionamiento en las orillas de las aceras. Por esa calle avancé lentamente hacia un lado en busca de estacionamiento para el auto. No lo hallé. Así que viré en U y regresé. No valía la pena seguir perdiendo tiempo. Cuando me volví a acercar a la iglesia, apliqué con torpeza el freno en medio de la calle y me bajé.

Oí el sonido de bocinas. Un taxi se detuvo de golpe frente a mí. El conductor sacó la cabeza y me gritó, mientras yo me apresuraba hacia la acera. En unos segundos llegué a las puertas dobles de la iglesia, luché contra ellas y me abrí paso hacia el portal. Hice una pausa y lancé una mirada amplia hacia adentro.

Detrás de las puertas internas de cristal, el pasillo principal conducía hacia un altar. Encima de él, montado sobre un arco y levemente iluminado por las finas celosías que había en el techo, pude ver un crucifijo. Un pasillo más corto se dirigía hacia la derecha y terminaba en otro altar, profusamente decorado con flores y de color dorado. Entre los dos se hallaba un facsímil de Cristo, hecho de yeso y de tamaño natural.

Estaban celebrando un culto religioso. Los bancos estaban salpicados de adoradores, los cuales estaban arrodillados y tenían libros abiertos delante de sí. Un sacerdote vestido de sotana blanca estaba de pie en los peldaños que conducían al altar, con la espalda hacia la congregación y los brazos levantados. Miré al sacerdote, luego, a la estatua de Cristo y otra vez al sacerdote. No sabía cómo conducirme en una iglesia católica. Pero la urgencia de mi situación me prohibía quedarme observando, sin hacer nada. Por tanto, me apresuré hacia la baranda del altar.

El sacerdote estaba orando, aún con su espalda hacia el público.

Me incliné sobre la baranda, y llamé con un brusco susurro:

— ¡Padre! ¡Padre!

El sacerdote no se dio cuenta de que yo lo llamaba.

Probé de nuevo:

— Padre, necesito ayuda.

Esta vez, él titubeó momentáneamente, y miró

por encima del hombro. Pensé que él podría bajar y hablarme; pero, en vez de eso, se volvió y continuó su misa.

Hablé por tercera vez, con voz más alta y con más urgencia:

— Padre, estoy poseído por espíritus malignos. Usted tiene que orar por mí.

Era inútil. Parecía que estaba determinado a hacer caso omiso de mí. Me puse de pie, sintiéndome un poco desconcertado. Era claro que yo estaba causando una alteración. Algunos de la congregación que estaban detrás de mí me miraban y esperaban para ver lo que haría. Le eché otra mirada al sacerdote. Me parecía recordar que los católicos consideran que el altar es un lugar muy santo. ¿Sería allí donde yo podría encontrar a Jesucristo? Pensé en saltar la baranda para acercarme al altar. ¿Pero entonces qué haría?

— Si usted quiere ayuda — me susurró un hombre que estaba detrás de mí —, debe ir al confesionario.

Me señaló hacia el otro pasillo, donde había tres confesionarios ocultos bajo los arcos. Cada uno tenía un par de puertas de madera y una fila de personas afuera. Me acordé que había visto confesionarios en películas.

Seguí la indicación y, pasando por donde estaba la efigie de Cristo, fui a formar una de las filas.

El pálido rostro blanco de Cristo miraba calmadamente hacia adelante, olvidando por igual al sacerdote y al penitente, lejos de los cuidados y aflicciones del mundo. Mientras pasaba, lo toqué. Estaba frío.

Necesité unos quince minutos para llegar hasta el confesionario. Había dos mujeres delante de mí que, según la apariencia, andaban de compras, y un anciano resfriado que estornudaba continuamente y se estrujaba la nariz. La primera mujer se sentó con un chal sobre la cabeza e inclinada en oración. La otra miraba aquí y allá, como si estuviera haciendo fila afuera en un teléfono público. Desde atrás se me acercaba el tintineo de unas campanillas y el olor del incienso. Me movía con torpeza, me inquietaba, doblaba los brazos y consultaba mi reloj. Al fin, el anciano pasó y se arrodilló ante el altar de oro. Yo entré.

Aunque el recinto tenía un techo abierto, era muy oscuro. Adentro había una silla de frente hacia la puerta, y en el lugar donde pudiera haber habido una ventana, había una reja. Vislumbré brevemente al sacerdote y me senté.

— Mire — le dije casi de inmediato —, disculpe que estaba formando un alboroto ahí afuera. Realmente no sabía lo que debía hacer.

El sacerdote no contestó.

— En realidad, lamento muchas cosas — continué —. En primer lugar, la mayor parte de mi vida he sido ateo, y admito que he dicho cosas muy horribles con respecto a la religión y a las personas religiosas. Especialmente, perdóneme, padre, por lo que he dicho acerca de los católicos. Siempre he dicho que ustedes son unos hipócritas y que no son buenos para nada. Bueno, no debo entrar en detalles. Pero lo siento, y quiero retractarme. ¿Quiere usted oírme?

— Continúe — replicó tranquilamente.

Sentí que quería decirle todo. El hecho de que hubiera un oído compasivo me produjo un gran alivio.

— La verdad — proseguí —, es que me he metido en muchos problemas, padre. Abandoné la iglesia, pues pensé que la religión era una pérdida de tiempo. Luego, el año pasado, comencé a acudir a sesiones espiritistas. Quería saber si el otro mundo es real o no. Bueno, ahora sé que es real. Pero he sido atrapado por él. Hay voces en mi cabeza que me dicen lo que debo hacer. Y acabo de descubrir que esas voces son espíritus que le sirven al diablo. Padre, ¡estoy poseído por espíritus malignos!

El sacerdote se aclaró la garganta.

— Vine aquí, a pesar de todo lo que he dicho acerca de ustedes, porque ustedes creen en Jesucristo. Sé que Él es más poderoso que el diablo. Quiero creer en Él, pero no sé cómo. ¿Puede usted ayudarme? Estoy desesperado, padre. Si no encuentro ayuda antes de esta noche, me voy a volver loco.

Esperé que él respondiera, pero hubo un gran silencio. Al principio pensé que estaría considerando lo que yo había dicho, u orando por ese motivo, o preparando la respuesta. Pero el silencio continuó. De repente se apoderó de mí el temor de que me había entendido mal. Tal vez no me estaba tomando en serio, o sospechaba que estaba bromeando.

— Padre — le imploré con un susurro —, hablo en serio. Necesito ayuda.

— Venga a la sacristía a las siete esta noche — dijo al fin —. Veremos si se puede hacer algo. Algo en su voz me decía que no abrigaba mucha esperanza.

— ¿No puede usted orar por mí ahora, padre? — le pregunté.

No hubo respuesta.

— Sólo quiero encontrarme con Jesucristo. Eso es todo.

Aun así no hubo respuesta.

— Protesto — comencé a levantar la voz — ¡Usted tiene que poder ayudarme! Estoy poseído. ¿No puede usted hacer nada?

Pero nada de lo que yo decía conseguía sacarle otra palabra. Esta esquivez me desconcertó. No sucedía porque había otras treinta personas en la fila esperando para confesarse cuando yo saliera. Yo era el último. Fácilmente hubiera podido orar por mí, si lo hubiera querido. El caso que tenía delante de sí no podía demandar más atención. Entre todos los problemas que los hombres de la iglesia hubieran enfrentado, me era difícil imaginar que hubiera uno peor que la posesión de espíritus malignos.

De repente comprendí lo que ocurría. El sacerdote no creía ni una palabra de lo que yo había dicho. Todo lo que había dicho acerca del diablo y de las voces lo había tomado como evidencia de que yo estaba demente. Según su opinión, yo no necesitaba la oración, sino acudir al psiquiatra. Esto me conmovió tan profundamente que estuve a punto de discutir con él, pero me detuve, pues comprendí que no ganaba nada con eso. Si la víctima afirma que está completamente cuerda, esa es una señal cierta de que tiene problemas mentales. Me parecía que el confesionario se cerraba alrededor de mí como un ataúd. Al fin y al cabo, las voces me habían atrapado. Había recorrido toda la distancia hasta el lugar donde me encontraba, sólo para descubrir que nadie me tomaba en serio. Levanté los dos puños para expresar un gesto de ira y desesperación, y me puse de pie.

El Cristo de yeso miraba serenamente mientras yo caminaba pesadamente hacia la salida. Nadie me siguió ni me preguntó qué me pasaba. Me daba la impresión de que todos se habían vuelto de yeso y de que estaban pegados permanentemente a los bancos. Al salir, me sentía profundamente desalentado. Por primera vez después que aquellas garras invisibles me habían soltado en la oficina, estaba a punto de rendirme. Me parecía que Jesucristo estaba muy remoto, que era muy irreal. El clamor de las voces había regresado, y estaba comenzando a ver en la periferia de mi visión las imágenes que antes veía.

Me quedaba una idea que debía probar. Si los católicos no podían decirme nada acerca de Cristo, tal vez podrían los protestantes. Yo era miembro de la Iglesia de Inglaterra, aunque, después de la confirmación, nunca había acudido a ninguna iglesia. Por lo menos ellos no me echarían. Crucé la calle Kingsway, y caminé un poco por el otro lado. Había nubarrones en el cielo, y estaba comenzando a lloviznar. La acera por la cual caminaba estaba salpicada de gotas. Me subí el cuello de la chaqueta y, manteniendo unidas las solapas con una mano, proseguí. No habían pasado tres minutos cuando encontré la Iglesia Santa Trinidad. Estaba retirada de la calle. Una amplia terraza conducía hacia sus puertas. Sobre la entrada, talladas en letras grandes, estaban las palabras: ENTRA, DESCANSA Y ORA.

Me sobrevino una ola de alivio. Al fin había encontrado una iglesia que hacía una abierta invitación para que los extraños se acercaran y buscaran ayuda. Con toda seguridad, habría un ministro dispuesto a hablarme. Subí corriendo la escalera hacia la terraza y agarré las grandes manijas negras de la puerta.

Estaba cerrada.

Le di golpes a la puerta y la sacudí. Pero no se movió ni un centímetro, ni nadie acudió a abrirla. Busqué para ver si habría otra manera de entrar. A cada lado de la entrada principal había puertas pequeñas. La de un lado conducía hacia una escalera para escape de incendios, y la otra, hacia un pequeño patio. En estas puertas también probé para ver si podría entrar. Las dos estaban aseguradas con poderosos candados. El tablero donde estaban escritos los anuncios sólo daba el nombre del ministro, sus títulos y la hora del siguiente servicio dominical. Nada acerca de Jesucristo. No había nada que fuera en lo más mínimo útil para un hombre poseído por los espíritus malignos, quien sabía que el domingo sería demasiado tarde.

Retrocedí un momento, y alcé la mirada hacia la inscripción. La lluvia me salpicaba copiosamente los hombros. Tales palabras eran tan inútiles para mí como una lista de alimentos colocada en la parte externa de un restaurante para un hombre que no tiene dinero. Me sentía como un vagabundo que se queda mirando al jefe de la cocina mientras éste prepara un pernil de carnero: con hambre, pero condenado para siempre a observar a los demás mientras comen. Al fin y al cabo, tal vez las voces tenían razón. Tal vez Jesucristo no estaba a favor de personas que tuvieran antecedentes como los míos. En tal caso, sencillamente me estaba engañando a mí mismo al pensar que iba a escapar. Parecía que la astucia del espíritu guía consistía en dejarme andar libre un rato, con el fin de disfrutar la cacería, antes de atraparme y darme muerte. Tarde o temprano, yo tendría que regresar a casa, reprendido y castigado, como me había ocurrido al regresar del centro espiritista. Por lo menos en ese momento aún tenía esperanza.

Tambaleándome volví a cruzar la calle Kingsway. Estaba comenzando la hora del tránsito pesado. La calle estaba repleta de autobuses y taxis que se veían lustrosos en medio de la lluvia, atestados de trabajadores que regresaban a casa para disfrutar de una comida caliente y de su programa favorito de televisión. Me pasaban los autobuses. Sus limpiaparabrisas se movían para allá y para acá. Me uní a la multitud y me dejé llevar hacia la estación subterránea Holborn. La actividad era abrumadora. Hombres y mujeres se empujaban y forcejeaban en su prisa por llegar a la estación. Cada uno tenía algún lugar a donde ir y algo que hacer. En medio de ellos, yo era como un tronco atado flotando en un río.

La realidad pura y opresiva de todo eso me hizo sentir frustrado. Había autos, peatones, faroles, avisos iluminados, viento, lluvia y un incesante movimiento. Estas cosas se apiñaban en mis sentidos, y no me quedaba duda de que eran reales, que existían. Por supuesto, yo no necesitaba nada de eso. No me habría lamentado si nunca hubiera vuelto a ver un auto en toda mi vida. Pero a Jesucristo, a quien yo necesitaba y quería más que cualquier otra cosa, no lo hallaba en ninguna parte. ¿Estaría muerto? Me parecía que mi búsqueda me había llevado a un callejón sin salida.

En aquella calle apiñada, incliné la frente contra un poste de luz y cerré los ojos.

6

LA LARGA NOCHE

Fenomenal! ¡Absolutamente fenomenal!

— ¿Es realmente fenomenal?

— Nadie como él. La última vez lo oí hablar en Margate. Mantuvo al auditorio embelesado.

Me parecía que los dos hombres que hablaban se habían detenido en la esquina, detrás de mí. Su conversación entusiasta y en voz alta me estremecía los nervios, pero no me quise molestar para moverme, ni siquiera para abrir los ojos. El primero, que tenía una voz más alta y culta que el otro, dijo:

— Aparentemente ha escrito libros. Me gustaría conseguir uno.

— Hay un buen sitio cerca de mí — respondió el otro — donde venden cosas de segunda mano. ¿Cuáles son los títulos?

Un autobús cruzó en la esquina y ahogó la mayor parte de la respuesta.

— . . . el mejor de todos es . . . se me olvidó el título; pero es un excelente estudio sobre las parábolas de Jesús referentes al reino. Morrison lo leyó, y dijo que si uno trata de penetrar en el pensamiento de los Evangelios sinópticos, nada podría ser . . .

Se detuvo mientras yo me volví.

— ¿Son ustedes ministros? — les pregunté.

— Sí.

La palabra fue pronunciada como si fuera una pregunta. El que habló primero, un joven delgado que tenía piel rosada y una prominente manzana de Adán, mè miraba como si yo estuviera a punto de sacar un revolver para dispararle.

— ¿Ustedes saben algo acerca de Jesucristo?

— Bueno, sí — respondieron mientras se miraban mutuamente.

Me lancé hacia adelante y agarré al más alto por las solapas.

— Por favor, ¡usted tiene que ayudarme!

Dio un paso hacia atrás, y luego se mantuvo firme. Su amigo se interpuso entre nosotros y nos obligó a separarnos. Nos quedamos allí parados, enfrentados el uno al otro bajo la lluvia.

— ¡Cuidado! — dijo el primero, mientras se arreglaba el saco.

El otro, más robusto y un poco mayor, que tenía cabello negro y crespo, me tomó por el brazo y me miró directamente.

— Bien, ¿cuál es su problema? — me preguntó bondadosamente.

— Estoy poseído — murmuré, casi sin atreverme a mirarlo.

— ¿Poseído?

— Poseído por espíritus malos. Los mismos que se mencionan en los Evangelios de los cuales ustedes estaban hablando. El diablo los envió, y ellos dicen que me van a volver loco. Por esa razón quiero encontrarme con Jesucristo . . .

Fui bajando la voz paulatinamente hasta quedar en silencio. De verdad, yo esperaba que se rieran en mi cara o me dijeran que necesitaba un psiquiatra. Pero el hombre de cabello crespo sólo dijo:

—Salgámonos de la lluvia. No podemos hablar adecuadamente aquí. Phil, dame mi paraguas, por favor.

Nos retiramos hacia la entrada de la estación, y conseguimos un rincón donde estábamos retirados de la multitud.

—Cuéntenos ahora qué le ha pasado —me pidió el hombre de menor estatura.

De manera confusa expliqué cómo me había interesado en el espiritismo y había comenzado a oír las voces, y cómo el adiestramiento que me habían dado estaba arruinando mi vida y mi matrimonio. Los dos hombres oyeron con seriedad y no interrumpieron. Finalmente les conté lo que había ocurrido esa mañana y lo que me había pasado en la iglesia católica.

—Pienso que el sacerdote iba a enviarme a que recibiera tratamiento médico —continué—. ¿Ustedes harían eso?

—No —respondió el hombre de cabello crespo—. Creo que es verdad que usted está poseído.

—¿Pueden ustedes hacer algo por mí?

—Por supuesto que trataremos de hacer algo —respondió mientras fruncía las cejas—. Mi amigo y yo nunca hemos tenido que manejar un caso como el suyo. Pero estamos asistiendo a una conferencia en el Templo de la Ciudad. Allí hay hombres mucho más experimentados que nosotros, a quienes podemos referirlo.

— Mira, Phil — le dijo a su amigo —, pienso que debemos telefonear y hacer arreglos para llevar a este señor a la conferencia de esta noche. ¿Te quedas aquí acompañándolo?

Phil consintió. Los dos nos quedamos parados mientras el otro hombre se abría paso en medio de la multitud hasta donde se encontraba la fila de casetas telefónicas.

— ¿Pertenece usted a la Iglesia de Inglaterra? — le pregunté tímidamente a mi compañero.

— No, soy presbiteriano — respondió Phil con una sonrisa nerviosa y condescendiente. Pero no se afane. Los presbiterianos creemos en Jesucristo.

Nunca había oído nada acerca de los presbiterianos. El nombre me sonaba bastante grandioso. Me tranquilicé al pensar que estaba en buenas manos. Seguimos conversando hasta que regresó el hombre de cabello crespo.

— Todo está arreglado — dijo —. Temo que el ministro con el cual hablé no estará libre para entrevistarse con usted hasta después de la reunión. Pero usted puede ir con nosotros y sentarse en el vestíbulo hasta que termine. Es mejor que nos movamos ahora. ¿Anda usted a pie?

— No, mi auto está al cruzar la esquina.

En medio de la lluvia regresamos, y encontramos mi auto estacionado exactamente donde lo había dejado: en el medio de la calle Kingsway. Estaba causando cierto embotellamiento del tránsito. Subimos y fuimos unos dos kilómetros hasta llegar al Templo de la Ciudad. Allí tampoco había lugar donde estacionar. Así que, después de buscar posibilidades en varias calles, lo coloqué junto a la acera frente al Circo Holborn.

Llegamos al Templo de la Ciudad unos quince minutos antes de comenzar la reunión. Algunas personas iban llegando aún; pero la mayoría debió de haber estado adentro, pues se oía un fuerte murmullo de conversación en el auditorio principal. En la puerta estaba una mujer que tenía un distintivo verde; saludaba a todos y les entregaba hojas de cantos. El ministro de cabello crespo me llevó hacia ella.

— Ella es Dolly Cleeson, miembro de mi congregación.

Me presenté. Dolly Cleeson tenía un peinado rizado, y una sonrisa cordial y complaciente.

— Un placer conocerlo — me dijo, mientras me extendía la mano.

— Dolly, ¿te sería una molestia atender al señor Lee mientras entro? Vino a entrevistarse con Donald Carroll, pero tendrá que esperar hasta que termine la reunión.

Ella asintió con un movimiento afirmativo de la cabeza. El ministro se volvió hacia mí.

— Usted me dijo que tiene esposa y familia, señor Lee. ¿Están esperando que usted llegue tarde?

— No, pero en estos días no es raro que llegue tarde.

— Entonces creo que usted debe telefonearlos. Eso es lo que debe hacer. Dolly le indicará donde está la caseta telefónica. Discúlpeme, por favor. Tal vez lo vea después.

Desapareció hacia el auditorio principal. Por el amplificador oí una oración. Luego se anunció un himno. Se oyó cierto ruido cuando la gente se puso de pie. Sonó la música del órgano, y la gente comenzó a cantar. Recordaba vagamente la música. Dolly cerró suavemente las puertas y me condujo al sitio donde colgaba de una pared la caseta telefónica. No veía la necesidad de telefonear, pero hice lo que me pidieron.

— Hola — contestó Joanna.

— Hola, amor mío. Quise decirte que llegaré tarde esta noche. No tienes que quedarte levantada.

— No sueles molestarte en llamar.

— No, pero bueno, pensé que debiera.

— Haz como te plazca. ¿Te guardo la cena o la boto?

— Bueno, haz lo que gustes. No me importa. En este momento estoy en la Templo de la Ciudad con los presbiterianos.

— Bueno, eso es asunto tuyo.

— Me dijeron que tal vez puedan ayudarme.

— Ojalá que sí — respondió con una voz completamente desprovista de emoción.

— Entonces, te veré mañana — le dije.

— Está bien.

— Adiós, querida.

Colgó. Sucedió lo que yo esperaba. A ella no le importaba mi paradero. Si estaba en el Templo de la Ciudad, o en el Centro Espiritista, o en alguna sesión, a ella no le importaba. A ella sencillamente le tocaba pasar otra noche cuidando a los niños sola. Y ella sabía que en mañana yo vagaría de un lado para otro, e insistiría en que todo estaba bien. Por supuesto, tendría la apariencia de la misma muerte. Realmente, yo no podía echarle la culpa por ser tan despreocupada.

El receptor estaba zumbando. Lo coloqué en su lugar, y volví al vestíbulo donde Dolly charlaba con otro de los ujieres. Yo no lo había visto. Evidentemente, él había estado acomodando personas. Como la conferencia ya estaba en marcha, había salido a estar en la puerta. Era un tipo larguirucho que usaba unas medias extravagantes y unos lentes de montura gruesa. Sonrió cuando entré. Dolly se volvió.

— ¿Cómo le fue?

— Bien.

Me presentó a su amigo Jim Harris.

— Llámelo Jim — agregó ella jovialmente —. No te importa, ¿verdad, Jim?

— Robert — dije yo, tratando de igualar el favor.

— ¿Vino a la conferencia? — me preguntó Jim.

— No — interrumpió Dolly bruscamente —. Vino a entrevistarse con el Reverendo Carroll. Está esperando hasta que termine la reunión.

Hice un leve movimiento afirmativo de la cabeza.

— Por supuesto, usted siempre puede entrar y sentarse en la parte de atrás, si lo quiere — agregó ella.

Parte de mí quería ir hasta la plataforma y pedir ayuda. Pero eso era absurdo.

— No, gracias — repliqué sencillamente —. Prefiero no entrar.

En realidad, estaba comenzando a sentirme más bien enfermo. Las voces habían vuelto con fuerza. Formaban un clamor en mi cabeza como si fuera un ataque de caballería de gran envergadura. Yo no podía interpretar los sonidos y gritos que daban. Veía a los ujieres, pero otro cuadro se superponía a éste: era el de un torcido árbol gris que se levantaba desde el piso de mármol. Sus ramas se extendían hacia el aire como si estuvieran buscando algo para agarrarlo; luego se marchitaban y decaían.

—¿Puedo sentarme en alguna parte? —pregunté.

Dolly corrió a buscarme una silla.

—Por supuesto. Parece que usted no está bien. ¡Pobre hombre!

Me senté pesadamente.

—Mira, Jim. Parece que está pálido. Debemos buscarle algo.

—Robert, ¿le gustaría tomarse un te?

Hice una leve señal de asentimiento. Jim salió a buscarlo.

—Ve si hay algunas galletas también— le gritó Dolly mientras iba en marcha —. El pobre hombre tiene la apariencia de no haber comido durante varias semanas.

Ella se quedó de pie junto a mí, mientras él regresó con el te y dos pasteles de crema en el platillo. Dolly me pasó la taza de te y se quedó junto a mí mientras tomé un trago. En el auditorio principal estaban cantando otro himno.

—Oiga eso —me dijo —. ¿No le parece grandioso? No hay nada que me guste más que oír a la gente cantando. Mi corazón se siente feliz. Jim es un maravilloso barítono. Cuando era joven cantaba en el Coro Juvenil Nacional, ¿verdad, Jim?

Jim se mostró desconcertado.

—Claro que sí —continuó ella—. Conozco al que es cantante cuando lo oigo. Todo el mundo decía que él llegaría a ser profesional algún día. No sé por qué no lo hizo. Es una lástima desperdiciar talento como el que tiene él. Imagínate, Jim, si tú fueras cantante, pudieras haber estado aquí vendiendo tus propios discos.

Ella se rió con entusiasmo, y Jim exhibió una tímida sonrisa. Yo sabía que Dolly estaba tratando de animarme; por tanto, también sonreí; pero era lo último que tenía ganas de hacer. No me gustaba esperar. Como no tenía nada que hacer, me pareció más difícil detener las voces y controlar mis nervios. En realidad, después de haber hablado con Joanna, había llegado a estar tan completamente deprimido que casi no sabía qué hacer conmigo mismo. Pudieran pasar otras dos horas hasta que me entrevistara con Donald Carroll, y aun entonces, no había ninguna garantía de que no sería mal entendido, como me había ocurrido con los católicos.

Se oyó de nuevo la voz amplificada en el auditorio. Después del himno se había producido el acostumbrado movimiento y la carraspera que precede a una conferencia. La congregación guardaba silencio. Cuando Dolly abrió la puerta para permitir que alguien entrara, pude ver que los visitantes estaban en la fila de atrás mirando reflexivamente hacia adelante. Evidentemente les parecía interesante la disertación. Traté de captar el tema que exponía el conferenciante, pero su voz era monótona. Así que, cuarenta minutos después, no había captado sino algunas palabras. Por el hecho de que no se parecía en absoluto, me hizo recordar de la disertación de la señora Dawson en el centro espiritista. Ella había hablado con tanto fervor que era difícil creer que no estaba diciendo la verdad. En comparación, esta conferencia era de lo más aburrido. No la podía comprender. Si hubiera estado colocado en la posición de este predicador — libre de espíritus malignos y restaurado a una existencia normal, sana y saludable —, estaría lanzando mi sombrero al aire y gritando que Cristo me había salvado. No creer en Jesucristo, o abominarlo, como me parecía que hacía el espíritu guía, por lo menos era algo consecuente. Pero ser cristiano, y tomar ese hecho con indiferencia, no tenía ningún sentido.

— ¿Le gustaría tomar más te? — me preguntó Dolly al regresar de las puertas, donde había estado oyendo la disertación.

— No, gracias. ¿Se va a demorar mucho?

— Creo que no. Ya terminó la conferencia. Vendrá un himno y la oración final.

Me sentí aliviado. Casi me sentí feliz cuando terminó el himno y la reunión. Pero se necesitó mucho tiempo para que salieran todos. Diez minutos después, la mayoría de las personas estaban aún hablando en el auditorio. Observé a los primeros que se alejaban por el vestíbulo en grupos de dos o tres, olvidados de todo menos la conferencia y de sus propios intereses. Hacían caso omiso de mí. Cuando la mayoría de la asamblea había salido, y Dolly estaba escondida detrás de una pared móvil de cuerpos, me sentí tan solo como me había sentido fuera de la estación Holborn. La única atención que se me dio consistió en que, cuando alguien me pisaba el pie, me decía: "Disculpe."

Al fin, la multitud se fue haciendo menos densa, y fue dejando el aire frío que soplaba desde la calle. Dolly y Jim cerraron las puertas y comenzaron a recoger el mantillo de papeles que cubría el piso. Me puse de pie para estirar las piernas. El hecho de haber estado sentado durante tanto tiempo había permitido que la fatiga se apoderara de mí, y estaba comenzando a sentirme débil. Caminé a través del vestíbulo y regresé. No vi a nadie más que a los ujieres. Todo estaba muy tranquilo. Comencé a preguntarme si no me habrían olvidado, y si el Reverendo Carroll no se habría ido a casa a dormir como todos los demás. Esperé cinco minutos más, hasta que oí unas pisadas en el auditorio.

Un momento después, no entró al vestíbulo un ministro, sino siete, todos con cuello de clérigo. Entre ellos estaba el hombre de cabello crespo que había conocido en Kingsway. Su amigo no estaba con él. Se dirigieron hacia mí, como se acerca al lecho de un enfermo un enjambre de estudiantes de medicina. El mayor de ellos, el cual supuse que era Donald Carroll, estaba hablando con el ministro de cabello crespo. Movía la cabeza afirmativamente y sonreía. Luego se dirigió a mí.

— Así que usted es el sujeto que tiene problemas, ¿verdad? — me dijo cordialmente —. ¿Le gustaría informarnos lo que le ha pasado?

Les informé ampliamente. Cuando terminé, el hombre que estaba a la derecha de Donald Carroll le susurró algo en el oído. El Reverendo Carroll escuchó, luego movió firmemente la cabeza en sentido negativo.

— Estoy seguro de que estoy poseído — les dije del modo más convincente, mientras pensaba que tal vez me enviarían a una consulta médica —. También estoy convencido de que sólo Jesucristo puede librar de espíritus malignos.

El hombre que había estado susurrando dijo:

— Realmente creo . . . — pero lo detuvo Donald Carroll con un gesto.

— Tiene mucha razón, señor Lee — dijo Carroll —. Sólo Cristo puede vencer el poder del maligno. Y Cristo nos ayudará, si oramos con fe. Unamos nuestras manos y coloquémonos en un círculo.

Hubo silencio. Me di cuenta de que estaba comenzando a temblar. Dentro de mí, las voces estaban dando gritos desarticulados. Al mirar alrededor del vestíbulo, vi sombras que se transformaban en horribles caras, mitad humanas, mitad de animal. Tragué saliva y cerré los ojos; pero las figuras estaban allí, mirándome de reojo desde las profundidades de mi mente, como gárgolas vivientes.

— Señor Jesucristo — gemí —, ayúdame, ¡por favor!

— ¡Cállate! — mandó una voz desde adentro —. Aquí estamos y vamos a permanecer. No vale la pena que le pidas a Jesucristo que te ayude. Hasta ahora, sólo has usado ese nombre como maldición.

Mis rodillas querían encorvarse, pero los hombres que estaban a mi lado me mantenían fuertemente agarrado. Donald Carroll comenzó a orar.

—Señor, te suplicamos que oigas nuestras oraciones a favor de este afligido . . .

—¡No! ¡No! —gritaron las voces.

—Él ha caído bajo el poder del maligno, y no puede escapar. Pero tú, oh Señor, mediante tu muerte y resurrección, has probado que el dominio es tuyo. Como dice tu Palabra, dominaste la muerte y, despojando a los principados y a las potestades, triunfaste sobre ellos en la cruz. Por tanto . . .

—¡Mentiras! —rugieron las voces—. Nuestro señor domina. No hay nadie mayor que él.

— . . . te suplicamos, oh Señor, que, en conformidad con tu potencia y poder, destruyas la fuerza maligna que ata a este hombre, y lo liberes.

Oí como el estampido de un trueno y, súbitamente, mi cabeza se llenó de gritos frenéticos y vociferantes. Era como si hubiera caído en medio de una batalla campal, y los hombres estuvieran pasando frente a mí, avanzando a empellones y acuchillándose unos a los otros, y gritando con todas sus fuerzas. Yo estaba alejado del mundo cotidiano en que me encontraba algunos segundos antes con los ministros, y había sido lanzado de cabeza hacia la confusión.

Lo que hacía que eso fuera tan aterrador era el hecho de que sólo podía oír el tumulto que me rodeaba, pero no lo podía ver. Tal como le sucede a un ciego, mi reacción instintiva fue la de agachar la cabeza, antes que fuera físicamente derribado. Pero, como sucede algunas veces en las pesadillas, mi cuerpo se negó a obedecer las órdenes enviadas por la mente. Me parecía que el cuerpo y la mente ocupaban dos mundos diferentes. Cuanto más retrocedía o trataba de evadir el cuchillo que yo pensaba que se estaba blandiendo contra mí, tanto más obstinadamente se quedaban mis miembros en posición fija. Lo que sentía era algo misterioso. Sólo en la periferia de mi conciencia sentía, casi imperceptiblemente, las manos de los ministros que estaban fuertemente agarradas a las mías.

Durante un rato, la lucha se hizo cada vez más intensa. No podía ver a los combatientes; sin embargo, me los imaginaba como guerreros con su uniforme clásico, pero con un tamaño tres o cuatro veces mayor que el de los hombres comunes y corrientes. Joanna, que tenía un gran interés en la historia de Grecia y Roma, a menudo me había descrito sus armas y métodos de guerra. Eso creó en mí la convicción de que en cualquier momento me clavarían una lanza, o me atravesarían las flechas, o sencillamente me pisotearían. En el apogeo de la batalla, yo tenía los ojos muy bien cerrados, y clamaba miserablemente, con una voz que casi no podía oír: "Jesucristo, Jesucristo, Jesucristo . . . "

Al fin comenzó a ceder el ruido, como si la batalla estuviera mudándose hacia otra parte del campo. Estuve consciente de que alguien estaba orando. Las palabras eran fluidas, tranquilas y fuertes. Cuando una voz se retiraba, otra las tomaba, de tal modo que conjuntamente formaban una corriente de oración. En lo profundo de mi ser sentí que estaba descansando; la misma clase de satisfacción que uno siente cuando, después de haber nadado en el océano, se tiende de largo en la playa bajo los rayos solares. Lenta y milagrosamente, la batalla fue retrocediendo hasta que los gritos más altos fueron perdiéndose en la distancia, y quedé rodeado por un inquebrantable círculo de paz.

Se produjo un silencio tranquilo, refrescante y delicioso, como no había experimentado desde hacía meses. Me sumergí en él. La corriente de oración había cesado. No podía oír nada en absoluto. Los rostros malignos y mis toscas imaginaciones de batalla se habían desvanecido. Cuando al fin abrí los ojos, sólo vi las caras de los siete ministros. Donald Carroll tenía una amplia sonrisa.

— Bueno, ¿cómo se siente?

— ¡Maravillosamente! — respondí, casi incapaz de creerlo.

Había sonrisas alrededor de mí.

— Alabado sea Dios — exclamó el Reverendo Carroll.

— Pero . . . ¿vendrán otra vez?

— ¿Se refiere a las voces? No — declaró, mientras movía negativamente la cabeza —. Usted ha estado bajo la influencia del maligno y, mediante la oración y el poder de Dios, ha sido liberado. Por supuesto, es sumamente importante que usted se mantenga retirado de estas cosas en las cuales ha estado participando. Tiene que romper definitivamente con toda forma de mal. Tales cosas son abominables ante los ojos de Dios. Así que, no asista a más sesiones espiritistas, y deshágase de la tabla de escritura espiritista. De ahora en adelante, su tarea consiste en vivir como cristiano.

Tuve que haber tenido una apariencia de perplejidad, pues él extendió ampliamente sus brazos y me dijo:

—¿De acuerdo?

—¡Sí!

Todos movieron afirmativamente la cabeza para confirmar su acuerdo, salvo el hombre que había estado discutiendo con él al principio.

De buena gana manifesté mi acuerdo, me acerqué a Donald Carroll, y le tomé la mano.

—Muchísimas gracias. Usted no se imagina cuánto significa esto para mí.

Él sonrió, se encogió de hombros y dijo que todo se le debía a Dios. Después di la vuelta al círculo, estrechando las manos y expresándoles profusamente mi gratitud. Me desearon el bien. Cuando llegué al ministro de cabello crespo, le pedí disculpas por la conducta que le demostré en la calle Kingsway. En son de broma le dije que confiaba en que eso no volviera a ocurrir. Él se rió y convino en que no era probable que eso volviera a ocurrir. Él y su amigo trabajaban en iglesias situadas en Birmingham, así que las posibilidades de que salieran a la estación subterránea de Holborn en los siguientes años eran muy remotas.

Estaba sonriendo tontamente. De súbito me sentí tan feliz que casi no podía contenerme. Ya hacía más de un año que había sido esclavo de las voces. El hecho de que se hubiera restablecido la paz en mi mente de un modo tan rápido y conmovedor me hacía sentir el deseo de danzar de gozo. No habría podido estar más lleno de gozo si se me hubieran dejado en libertad una hora antes de la ejecución. Me imaginaba en el momento de decirle a Joanna la mañana siguiente que Dios había respondido mi oración, y que estaría reunido con mis hijos, y volvería a la manera de mi antiguo estilo de vida familiar. El futuro se me abría como una gloriosa y fresca alborada.

Al fin estábamos riendo y charlando como antiguos compañeros de escuela en una reunión. Cuando Donald Carroll carraspeó fuertemente y anunció que el vigilante quería trancar las puertas, hubo un claro sentimiento de que la fiesta se había echado a perder. Pero todos comenzaron a colocarse las bufandas y a sacar guantes, y uno o dos de ellos se alejaron hacia la puerta.

—¿Puedo llevar a alguien? —pregunté—. Regreso por Bethnal Green hacia Enfield.

Cuatro personas aceptaron y, mientras nos despedíamos, nos apresurábamos a bajar la escalera hacia la calle. Afuera estaba lloviendo copiosamente. Alguien sacó un paraguas y nos apiñamos debajo de él, mientras íbamos chapoteando los charcos. Todos estábamos más bien mojados cuando llegamos al auto, el cual estaba estacionado donde lo había dejado en el Circo Holborn. Esto causó a mis pasajeros gran hilaridad. Uno de ellos dijo que, si hubieran sabido que yo era un criminal, nunca me habrían dejado entrar en la conferencia.

—Bien. ¿Quién vive más cerca? —pregunté apenas nos subimos al auto.

—Vivo en las esquina de las calles Mile End y Jays Crescent —respondió uno de los hombres que estaban atrás.

—¿Nadie vive más cerca?

Nadie vivía más cerca. Saqué la llave del bolsillo.

—¿Saben? —les dije, mientras introducía la llave—. Cuando encendí el auto esta mañana, iba a entregar un mensaje a nombre de esas voces.

—Por última vez— dijo uno de los que estaban atrás—. Ya se han ido todas esas voces.

—Sí— respondí con una sonrisa.

Pero entonces se metió una sensación fría en mi cuerpo, que comenzó por los pies, y se esparció hacia arriba, como si me estuviera sumergiendo en agua congelada. El hombre que iba en el puesto del frente vio la mueca que hice, y me preguntó:

—¿Se siente bien?

Pero casi no lo oí. Estaba rígido y, cuando hablé, no respondí su pregunta. Mi atención estaba completamente introvertida. La pantalla oblonga había vuelto a aparecer. Sentía las manos livianas, como las había sentido antes cuando estaba escribiendo. Comencé a mover lentamente la cabeza en sentido negativo.

—No, por favor, no. No puedo aguantar más de esto . . .

Estaba volviendo a oír la voz del espíritu guía. Sonaba como si estuviera enfurecida y aturdida, pero no era menos perversa que antes. Físicamente podía sentir que estaba reafirmando su control sobre mí.

—No te escapas de nosotros tan fácilmente— dijo siseando—. Esta vez te hemos atrapado con seguridad . . .

7
EL FIN DE LA PERSECUCIÓN

Apagué el motor y abrí la puerta con ímpetu.

— Aún están allí — grité —. Las puedo oír.

— ¿Quiénes, las voces?

— Tengo que regresar y alcanzar al Reverendo Carroll antes que se vaya.

Salté del auto y crucé la calle. Estábamos a cierta distancia del auditorio, así que tenía que moverme rápido. Estaba lloviendo a cántaros. El agua corría abundantemente por las cunetas y, donde los drenajes se habían obstruido, se estaban formando pozos. Al saltar uno de estos charcos, no calculé bien la distancia, y me mojé hasta los tobillos. El agua fría me aguijoneó y chapoteó en mis zapatos.

Cuando llegué al Templo de la Ciudad, el vigilante, que estaba cubierto con el sobretodo y un sombrero de paño, se hallaba trancando la última puerta.

— ¿El Reverendo Carroll está aún aquí? — pregunté jadeante.

— ¿Quién?

— Donald Carroll, el que tenía cuello de clérigo y un maletín negro.

— Ah, ¿él? — respondió el vigilante — No. Todos se han ido.

—¿Hace cuánto tiempo?

—No sé. Tal vez cinco o diez minutos. Yo no los estaba controlando con un cronómetro.

—¿A dónde se fue? ¿Por cuál lado salió?

—Hubiera podido tomar el tren subterráneo; pero de igual modo, pudo haber tomado el autobús; o pudiera tener un auto. Me atrevo a decir que un hombre como él tendría un auto. ¿No pensaría usted así?

—Sí, sí, por supuesto —le respondí irritado—. ¿Pero cree usted que lo más probable es que se haya ido en tren?

El hombre frunció los labios de un modo perezoso y dijo al fin:

—Calculo que su conjetura es tan buena como la mía.

Miré hacia un lado y otro de la calle, tratando de descubrir alguna huella del Reverendo Carroll. No había ninguna. Dos autobuses se detuvieron en el otro lado de la calle, y estaban arrancando con ruido para perderse en la distancia. Habían dejado un puñado de pasajeros, ninguno de los cuales se parecía al hombre que yo buscaba. Si él iba en uno de esos dos autobuses, yo había perdido la oportunidad. ¿Se habría ido en el tren? Tal vez, pero él me llevaba una ventaja inicial. Aunque yo comprara un boleto y, por fortuna, llegara a la parada precisa, el tren pudiera habérselo llevado. Sólo quedaba la posibilidad de que poseyera un auto. Era posible que hubiera estacionado un poco lejos del Templo de la Ciudad y estuviera caminando lentamente hacia ese sitio, de tal modo que yo pudiera alcanzarlo. Pero las probabilidades de que yo escogiera la calle correcta en aquel laberinto de calles de Londres era de un millón a una. Debía enfrentarme al hecho: Donald Carroll se había ido, y yo había regresado precisamente al lugar donde había comenzado.

Respiré profundamente, y eché una mirada hacia el vigilante. Él estaba de pie con las manos en los bolsillos. Tenía una leve expresión de diversión en su cara.

— Entonces, ¿qué va a hacer? — me preguntó.

La pregunta no me ofendió. Él tenía que haberse topado con suficientes chiflados en ese trabajo. Era natural que pensara que yo era otro de ellos.

— No sé lo que haré — le respondí mientras me volvía para irme —. Ore por mí.

Se quedó mirándome, mientras me alejaba pesadamente. La lluvia me había empapado la chaqueta y la camisa. Estaba comenzando a temblar. La mayoría de las personas con las cuales me encontraba, aceleraban su paso al verme. Me estaba volviendo la fatiga acumulada a causa de la falta de sueño por las noches. La nueva esperanza me había mantenido a flote un rato, pero se había agotado esa esperanza y estaba cayendo a tierra tan rápidamente como un globo pinchado. Por alguna razón, la oración había fallado. Al principio pudiera haber derribado las voces, pero éstas se estaban volviendo a levantar del tablado para continuar la pelea. Los recursos de las voces eran inagotables. Yo podía suprimirlas, o mantenerlas a raya, pero era completamente imposible deshacerme de ellas.

—¿Por qué no te rindes? —me preguntó súbitamente el espíritu guía.

Continué caminando, con la mirada fija en la distancia.

—Aún no —murmuré—. No me rendiré mientras me quede fuerza.

—Ahora no durarás mucho. Cada segundo que demores hará que tu castigo sea peor.

—Jesucristo me ayudará.

El espíritu guía soltó una carcajada brusca y forzada.

—¿Te ayudará? ¿Cómo va a hacer eso?

—Él te dio una paliza esta noche. Te la volverá a dar.

—Tal paliza no fue como la que te vamos a dar cuando dejes todas estas tonterías.

—¡Cállate!

—Por supuesto —respondió con despreocupación el espíritu guía—, ¿sabes por qué esos ministros no pudieron ayudarte?

No contesté.

—Se debe a que pensaron que tú eres un hombre bueno —oí un coro de risas malévolas—. Imagina eso. Que tú seas un buen hombre. Se dejaron engañar fácilmente. Llegaste arrastrándote hasta ellos, con el deseo de deshacerte de nosotros. ¿Pero les hiciste saber lo malo que realmente eres? ¡Probablemente no! Por eso te hubieran lanzado de nuevo a la calle.

En realidad, las voces tenían razón. No les había dicho a los presbiterianos nada con respecto a la vida que había llevado antes de entrar en el espiritismo. Por alguna razón, no me había parecido importante hablarles de eso. El hecho de estar buscando ayuda de Jesucristo, después de haberlo rechazado durante la mayor parte de mi vida, sin duda había sido una adecuada demostración de mi sinceridad. Y de cualquier modo, me sentía apesadumbrado por lo que había hecho. Le había dicho todo eso al sacerdote católico.

— Estás mintiendo — le dije llanamente.

No hubo respuesta. Sólo continuó el persistente murmullo y las mismas intrigas a las cuales me había acostumbrado durante el último año. Si lo que habían dicho era cierto o no, habían decidido dejar que yo lo reflexionara. Así lo hice y, con el tiempo, llegué a la conclusión de que cualquier cosa que me dijeran las voces necesariamente tenía que ser falsa, y trataba de sacarla de la mente. Casi tuve éxito.

Al regresar al auto, tres de mis pasajeros se habían ido. El único que se había quedado estaba sentado en el asiento del frente con una pequeña Biblia abierta sobre sus piernas. Ya se me había presentado como el señor Price, un hombre de edad avanzada, tímido y de voz suave. Levantó la mirada cuando llegué y me senté pesadamente en el asiento del conductor, y me quedé mirando de manera desconsolada el chorro de agua que corría por el parabrisas.

— ¿Logró algo? — me preguntó.

— Supongo que usted no sabe dónde vive — le dije mientras movía negativamente la cabeza.

— Lo lamento. No lo sé.

Hubo una pausa.

— ¿Qué les pasó a los compañeros que estaban con usted? — le pregunté de manera apática.

— Decidieron irse en el tren. Me suplicaron que le pidiera disculpas.

— Las acepto — le respondí, mientras me encogía de hombros —. Me sorprende que usted no se haya ido con ellos. ¿Realmente quiere ir a su casa en este auto con un hombre que está poseído por espíritus malignos?

— Confío en Cristo — me respondió tranquilamente Price.

Puse en marcha el motor.

— Bien, ¿dónde vive usted?

— En Ilford — contestó y, luego, mientras me guiñaba un ojo, agregó —. Pero primero que todo iremos a Hainault.

Lo miré sorprendido. Él había dicho esto sin ningún énfasis, como si Hainault fuera el lugar más obvio para ir a las diez y media de la noche de un martes.

— ¿Y qué hay en Hainault? — le pregunté atontado.

— Un amigo mío — respondió con una leve sonrisa —. Él tiene el don de sanidad, y tal vez pueda ayudarle.

Así que fuimos a Hainault, un suburbio situado no lejos de mi hogar en Loughton. Fui con los sentimientos mezclados. Por un lado, me alegraba de tener otra oportunidad para librarme de las voces. Por el otro, para mí la palabra "sanidad" había tenido malas connotaciones relacionadas con mi antigua ambición y con una infructuosa visita al Centro Espiritista de Amersham. La posibilidad de entrevistarme con otro sanador me hacía sentir incómodo.

Hablamos muy poco, hasta que llegamos a Hainault donde se hizo necesario que Price me diera instrucciones detalladas. Pasamos por debajo del puente del ferrocarril. En la primera esquina cruzamos a la derecha, y nos detuvimos un poco más adelante. Price se bajó del auto. La residencia a la cual me llevó era una casa de tres dormitorios, de las que se construyeron miles entre las dos guerras. En la sala, la luz se proyectaba a través de las cortinas.

—Aún está levantado— me dijo Price mientras tocaba a la puerta.

El hombre que abrió la puerta tenía una rala barba blanca, y tenía en sus manos dos tazas vacías. Nos escudriñó un momento y entonces exclamó:

—¡John! Entra, entra. ¡Qué sorpresa!

En fila avanzamos por el estrecho pasillo. Apareció una mujer que llevaba una bandeja con platos, y nos saludó. Oí que se escuchaban risas y el ruido de un televisor de la habitación de donde ella había salido.

—Confío en que no te estemos molestando, Harry— dijo Price.

—No, no. Mi familia está aquí esta semana. Lástima que usted no vino más temprano. Hubiera podido conocer a mis nietos. ¡Cómo pasa el tiempo! ¿No es verdad? ¿En qué puedo servirles?

Me pareció que el señor Price estaba un poco ansioso.

—Si no te causa demasiado inconveniente, quisiera que me ayudes —dijo y, mientras salían risotadas de la sala, comenzó a explicarle mi problema.

Harry lo escuchó con atención. Me quedé mirándole los ojos, que se comprimían en una actitud de concentración. Tenía una cara bondadosa acostumbrada a sonreír. De un modo más bien infantil, me sentí atraído hacia él. La misma casa, que era tan común y prosaica, respiraba un aire de paz y seguridad que yo nunca había experimentado en mi hogar. Mientras los dos hombres hablaban, dejé que me penetrara ese ambiente.

Al fin, Harry se volvió hacia mí.

— ¿Quiere usted pasar a la parte de atrás? — me preguntó.

Lo seguimos. Pasamos una puerta corrediza de cristal, hacia un cuarto que tenía ventanas francesas y una chimenea con azulejos. En la repisa de la chimenea había una colección de loza china azul y encima, un cuadro. La mesa oval del comedor ocupaba la mayor parte del piso. Harry la empujó hacia un lado y nos sentamos.

— Señor Lee — me dirigió la palabra —, usted tendrá que disculpar las condiciones de estrechez. Mi hijo y mi nuera están viendo televisión en la sala. De otro modo, hubiéramos podido entrar allá.

Hasta ese momento no había notado que él tenía un leve acento irlandés. Continuó:

— No tengo que decirle que, si voy a orar por usted, tendrá que observar algunas normas fundamentales. En primer lugar, ¿cree usted en Jesucristo?

— ¡Sí!

— ¿De veras quiere que Él lo ayude?

—Sí, estoy desesperado.

—Bien —me dijo, mientras me ponía una mano sobre la rodilla—. Entonces usted tiene que orar en voz alta pidiéndole al Señor que lo sane, y después debe concentrarse tan profundamente como pueda en permitirle a Él que haga eso. No se logrará nada mediante la oración sin la cooperación de usted. Cuando yo coloque mis manos sobre su cabeza y le ruegue al Señor que descienda su poder sanador sobre usted, diga en su corazón: "Gracias, Señor", y crea que se está efectuando la sanidad.

—¿Sentiré algo que me arde por dentro?

Los dos hombres me miraron con espíritu inquisitivo.

—Pensé que esa era la manera como ocurría la sanidad. Alguien trató de sanarme, y sucedió de esa manera. Al fin me dolía tanto que casi le pido que abandone el procedimiento.

—¿Le ocurrió eso con un sanador espiritista? —preguntó Harry.

—Sí, en Amersham.

—Esa clase de sanidad —prosiguió, mientras movía negativamente la cabeza— nunca ayudó a nadie. La mayoría de las veces, la gente sale peor que cuando entró. Eso se debe a que esas personas no creen en Jesucristo. Van por todas partes en busca de alguien que les resuelva los problemas, y nadie puede resolverlos. Hay víctimas de cáncer, de esquizofrenia y personas infectadas de espíritus malignos, como usted. Hay toda clase de dolencia bajo el sol, pero los espiritistas no pueden hacer nada. Las personas se van desesperando más y más, hasta que da vergüenza mirarlas. Todo se debe a que no acuden al Señor Jesús. Una palabra de Él bastaría para que fueran sanadas en el acto.

Yo escuchaba el airado murmullo de las voces que estaban dentro de mí. Estaban tan inquietas como el viento, preparando el golpe final que me haría perder la cordura. Me parecía increíble que yo hubiera estado aliado con estas criaturas, y que hubiera buscado su ayuda para que me convirtieran en un sanador. Lo único que había hecho esta asociación fue crear en mí mismo la necesidad de sanidad.

— ¿Cristo me sanará? — pregunté, mientras se lo imploraba con una mirada a Harry.

— Se lo pediremos.

Tomó un libro del anaquel, y lo colocó abierto sobre su regazo.

— Oremos — dijo, mientras respiraba profundamente. Ya tenía sus ojos cerrados.

Nosotros hicimos lo mismo y, por un momento, esperamos en silencio. Yo esperaba que el sonido que tenía adentro fuera creciendo, como había ocurrido antes que se orara por mí en el Templo de la Ciudad. Pero sólo mantuvieron su burla, como tropas dedicadas a excavar una trinchera. Cuando, siguiendo las instrucciones de Harry, oré con voz temblorosa para pedirle a Jesucristo que me sanara, el tono de las voces se volvió más brusco, pero no más alto. Llegué al final de la oración y tragué saliva. Ni Harry ni Price dijeron nada. Hubo una pausa como aquellas que se producen en las minas, cuando alguien presiona un botón y hace explotar hasta el cielo la superficie de un pozo. Luego sentí el suave toque de los dedos de Harry sobre la cabeza, y comenzó a orar.

No funcionó. Los dos hombres oraron y oraron durante media hora sin ningún resultado discernible. Todo el tiempo que estuve inclinado allí sentado obedientemente en la silla, murmurando mi gratitud a Dios, ellos asaltaron a las voces, pero no las desalojaron. Parecía que las voces estaban bien encajadas. Cada momento me venía a la mente la imagen de una piedra inmensa. Dos personas se estaban esforzando para tratar de moverla de su lugar y echarla a rodar. Pero no se las podían arreglar para lograr esto. Cada vez que conseguían un punto de apoyo y levantaban la gran piedra del piso, la fuerza les fallaba y ella volvía a su mismo hueco. Al fin me parecía que admitían la derrota, se desplomaban, y se inclinaban contra ella.

—No nos sirve de nada —dijo Harry, mientras se ponía de pie.

Observamos que fruncía el entrecejo y se ponía un dedo índice en los labios.

—¿Cuál es la dificultad? —preguntó Price.

—No lo sé. Estoy convencido de que hemos hecho todas las cosas correctas.

—¿Ha sucedido esto antes?

—No. No lo puedo comprender.

Mi perspectiva era miserable.

—Hice lo que usted me dijo.

—Lo sé —dijo Harry, con una sonrisa—. Siento que nos hayamos metido en este problemita.

Se oyó un suave toque en la puerta. La mujer que habíamos visto en la sala —la esposa de Harry— entró la cabeza.

—Disculpen —dijo—. Harry, me voy a acostar. ¿Puedes revisar la tostadora antes que subas al dormitorio? Quema el pan hasta volverlo carbón, y necesitamos que funcione para el desayuno mañana.

Harry movió afirmativamente la cabeza, y todos nos despedimos de él.

—Bueno . . . —comenzó Price.

Comprendí que ese era el momento apropiado para salir. El siguiente era un día de trabajo, y aún tenía que llevar al señor Price a su casa en Ilford. Él había hecho lo que podía. Yo no podía esperar que me llevara a consulta con otra persona con la esperanza de que algo cambiara esta vez. Al mismo tiempo, si yo lo dejaba y regresaba solo a Loughton, ¿qué me acontecería entonces?

—Bueno —volvió a decir Price—, está claro que no se puede hacer nada más esta noche. Temo que hemos fracasado, señor Lee. Tal vez . . . —miró con cara de investigación a Harry—, ¿tal vez pudiéramos arreglar algo para mañana por la noche . . . ?

Comenzaron a hablar de distintas posibilidades, pero no pudieron ponerse de acuerdo. Sentí cierto aturdimiento mental, a medida que se hacía cada vez más inevitable que regresara a Loughton. Ese día parecía como un enorme sueño que firmemente se acercaba a su inexorable fin. Cuando entrara al dormitorio en mi casa, me despertaría.

—Lo siento —interrumpí—, pero realmente no quiero volver a casa esta noche. Si regreso, me voy a volver loco. Las voces me atacarán, y no tengo la fuerza necesaria para hacerles frente. Sé que es descortés pedir esto, pero ¿habría la posibilidad de que me quede aquí? Aquí me siento muy seguro. No causaré ningún problema. Estaría feliz si puedo dormir en el piso de la sala . . .

Harry mostró una apariencia de incomodidad. El señor Price intervino en nombre de él.

— No podemos pedirle a Harry que lo hospede esta noche, señor Lee. Él tiene que pensar en sus nietos. De cualquier modo, ya lo hemos molestado lo suficiente. Realmente debemos irnos.

No discutí. No había visto a ninguno de los dos hombres más de dos horas. No tenía el derecho de exigirles nada. Le di las gracias a Harry por su bondad, nos despedimos y con renuencia salí de la casa. El frío nos envolvió. Aún tenía la ropa mojada por la lluvia que nos había caído anteriormente. Estaba temblando al abrir el auto. La lluvia se había convertido en una persistente llovizna. La temperatura no había cambiado.

Regresamos a Ilford por calles prácticamente desiertas. No tuve prisa para llegar, pues quería posponer tanto como fuera posible el momento en que estaría solo. Así que nos movimos a unos cuarenta kilómetros por hora. Una vez casi me duermo al volante, y desperté con un sobresalto. Price no se movía, sino que observaba tranquilamente el paso del resplandor de las luces de las calles, y de cuando en cuando se aclaraba la garganta. Si yo hubiera tenido algo de energía, su compostura pudiera haberme molestado. El hecho de que fríamente me abandonara, cuando sabía muy bien los apuros en que me encontraba, no era otra cosa que cruel.

El señor Price vivía en la carretera Old Wells. Mientras nos acercábamos, oí que un reloj distante indicaba que era la medianoche. Sonaron las doce campanadas antes que habláramos. Me vino a la mente una de las historias de horror que había leído a instancias del espíritu guía, según la cual esa era la hora de la brujería. La humanidad podía disponer del día; pero la noche pertenecía al diablo.

— Ha sido usted muy amable — dije en tono neutral.

— No hay de qué — respondió Price.

Yo quería mantenerlo hablando sólo un poco más.

— Supongo que no lo volveré a ver. Dudo que pueda amanecer. No sé por qué Cristo no me quiso. Parece que hemos hecho un gran esfuerzo por buscarlo. En realidad, hemos desperdiciado el tiempo.

— El tiempo de Dios nunca se desperdicia — dijo Price.

Salió del auto, se estiró y, luego, se inclinó hacia adentro, con una hoja de papel en la mano.

— Uno de mis colegas me dio esto — declaró —. Me dijo que usted estaba poseído de espíritus malignos y que, si no había sido liberado en el momento en que me apartara de usted, debía darle su número telefónico. Él está ahora mismo en casa con algunos amigos orando por usted. Si quiere, vaya a entrevistarse con él.

Me quedé mirando atontado la nota. Como no la tomé, Price la colocó sobre el asiento.

— ¡Hasta luego!

Se despidió mientras cerraba la puerta.

Con el rabo del ojo vi que pasó por una puerta de hierro, siguió por un sendero y se perdió en su casa. Levanté la nota. En efecto que había un número telefónico. ¿Quién podría estar despierto, orando por mí a medianoche? Me quedé mirando el número. El código telefónico indicaba que la entrevista sería en Watford, a unos cincuenta kilómetros de distancia. Me pareció que la distancia era mil millones de años luz. Hasta ese momento, cada encuentro que había tenido ese día no había hecho otra cosa que proveerme una clave para el siguiente. ¿De veras iba a hallar a Jesús, o la cadena continuaría para siempre? Al fin, aún podría resultar que este fuera un malvado truco del espíritu guía. Pero no, yo tenía que creer que las claves me estaban guiando hacia alguna parte. De cualquier modo, si no seguía ésta, no había sino una alternativa. Metí la nota en el bolsillo de la camisa, y emprendí la marcha.

Pendragon estaba oscuro y en silencio cuando regresé. Abrí la puerta suavemente y me detuve al final del vestíbulo. La luz de la calle se filtraba suficientemente como para ver la mesa, sobre la cual estaban los periódicos del día anterior. Más allá estaba la escalera que conducía a la oscuridad. La familia estaba dormida. Pero estaban presentes otros seres que nunca dormían, que trabajaban hasta las horas de la mañana para cumplir el mandato de su señor. Me vino un extraño sentimiento. Estaba casi totalmente agotado. Lo más fácil sería someterme, subir la escalera y dejarlos que hicieran lo que quisieran conmigo. Me estaban impulsando a hacer eso. Sólo tenía que entrar en el dormitorio, y sería de ellos; no porque estaban esperando para emboscarme allí, ya que vivían en mi cuerpo; sino porque mi obediencia significaría que me estaba rindiendo.

Durante unos segundos me quedé estupefacto al mirar la escalera. Las voces estaban tentándome, impulsándome. Podía oír entre ellas al espíritu guía.

— Procede — decían —, no vale la pena resistir más. Vuelve a tu señor, el diablo.

Sentí que iba tambaleando hacia el otro extremo del vestíbulo y, con un esfuerzo de la voluntad, frené el movimiento. Las voces bajaron un poco.

Levanté el teléfono y marqué con cuidado el número. Mi noción del tiempo se había deformado, pues alguien estaba hablando desde el receptor antes que me lo colocara en el oído.

— Hola. ¿Sí? Hola — dije tartamudeando sobre el auricular.

— Hola. ¿Es usted el hombre que estuvo en el Templo de la Ciudad?

— Sí — contesté.

— Lo estamos esperando. ¿Puede venir en su auto?

— Sí . . . ¡Sí! — respondí, mientras me iba recuperando —. ¿Dónde están ustedes?

— En la calle Alexandria de Watford. El lugar se llama *Casa Pastoral.*

— Voy en seguida.

— Bien, estamos orando por usted.

Coloqué el receptor en su lugar. ¡Así que realmente alguien me estaba esperando para ayudarme! Sentí el deseo de reír y de llorar al mismo tiempo. Tan delicado estaba que oscilaba entre la esperanza y la desesperación.

— Por favor, Señor — oré en voz baja —, permite que esta vez sea real. No puedo soportar otro engaño . . . Luego me quité la chaqueta mojada, me eché un abrigo sobre los hombros y salí tambaleándome hacia el auto. El motor estaba aún en marcha. Aceleré con fuerza y salí de la entrada bruscamente en retroceso.

Antes de llegar a la primera curva, oí el refunfuño del espíritu guía.

— Vuelve a casa, tonto. ¿Piensas que ahora puedes escapar de nosotros?

No contesté.

— ¿Cómo vas a llegar a Watford en la condición en que te encuentras? Prácticamente te encuentras en estado de coma, muy cansado. Te saldrás de la carretera y te matarás.

— Señor, permíteme llegar allí — susurré.

— Deja de gimotear. Te he dicho que Jesucristo no puede ayudarte ahora.

Detrás de la voz del espíritu guía había una multitud de voces que gritaban amenazas e insultos. Si no chocaba mi auto contra alguna barrera, me preguntaba si los espíritus no harían ese trabajo por mí. Sólo el hecho de escucharlos me helaba la sangre.

— Voy — declaré con una voz que temblaba sin control —. Voy, y no me vas a detener.

— No tenemos que detenerte — dijo el espíritu guía en forma de escarnio —. No te va a suceder nada allá. Ya han orado por ti dos veces, ¿y qué te ha aprovechado? Nada. Somos tan fuertes que no pueden afectarnos algunas oraciones endebles.

— ¡Señor — clamé —, Señor Jesucristo!

— Jesucristo no moverá ni un dedo para salvarte. Tienes que ser un tonto si tus esperanzas giran en torno a eso. Eres demasiado malo. Si Dios te viera, lo único que haría sería lanzarte al infierno. Te corresponde ese lugar con nosotros. ¿Por qué piensas que pudimos derrotar las oraciones de los presbiterianos? Porque eres malo. ¿Por qué no pudo ayudarte el sanador? Porque eres malo. ¿Por qué el sacerdote de la iglesia católica se negó a oír tu confesión? Porque sabía lo malo que eres, y no quería contaminarse con sólo oírte. Haz frente a la realidad, Robert, estás condenado.

— ¡No, no! — respondí con un movimiento negativo de la cabeza y con lágrimas en los ojos.

Pero todo el coro de voces se había unido, y la turba total sedienta de sangre gritaba:

— ¡Condenado! ¡Jesucristo no te quiere! ¡Estás condenado!

La pura bulla de las voces amenazaba envolverme, como había ocurrido en el Templo de la Ciudad. Se estaba secando mi voluntad para continuar. Ya estaba fuera de la ciudad, y me dirigía solo hacia la oscuridad total. No había luz eléctrica en la vía, ni siquiera estrellas. Comencé a temer que alguna magia demente me había sacado de la superficie de la tierra, que la carretera sobre la cual me deslizaba era una ilusión, y que yo en realidad estaba huyendo hacia las tinieblas más profundas del infierno.

Quité una mano del volante y me di un palmetazo en la mejilla, para tratar de volver a la realidad. Mi mente experimentó un breve espasmo de dolor, pero la alucinación no desapareció. Era como si yo hubiera estado atrapado en un enorme carro de feria. Sentía un violento mareo y me movía tan rápido que no podía reconocer los gritos normales, ni la música de carnaval. No podía hacer nada para detener eso. Sólo podía esperar que no perdiera el conocimiento y se saliera el auto de la carretera. Mareado, fijé la mirada en los ojos de gato que brotaban de la noche y corrían hacia mí. Aparecían y desaparecían como estrellas fugaces, o como fuego antiaéreo. Como no tenía otro modo de retener la concentración, mecánicamente comencé a contarlos.

No sé cuántos había contado cuando al fin la presión comenzó a ceder, y volví a algo que parecía la conciencia normal. Aún estaba viajando, inmensamente cansado, pero despierto. Me parecía que había despertado a un nivel de conciencia fresco y superior, porque, aunque mi pensamiento estaba débil por el agotamiento, al mismo tiempo era increíblemente claro. Hice una evaluación de mi situación. Sabía que había estado huyendo, buscando a Cristo y que, en dos ocasiones, casi había escapado de los espíritus malignos que me tenían oprimido. Las dos veces había fallado la oración. ¿Eran tan fuertes las voces que no las podía mover esa clase de oración? No lo sabía. Pero se había metido en mi mente algo que había dicho el espíritu guía: *Te corresponde el infierno con nosotros.*

Cuando lo dijo, yo había tratado de contradecirle, pero comprendí con perfecta seguridad que él tenía razón. La razón por la cual estos espíritus malignos podían ocupar mi cuerpo era que había algo malo en mi misma naturaleza. Éramos de la misma sustancia. Ya había notado que varias de mis acciones pasadas me distinguían como un hombre que había rechazado a Dios, y lamentaba haberlas realizado. Pero, por alguna razón, no me las había arreglado para deshacerme de ellas. Me estorbaban como pesos de plomo atados a mis tobillos. ¿Qué iba a hacer?

Sólo había realmente una opción. Haría en Watford lo que no había hecho en las dos sesiones anteriores de oración. Les diría a los ministros quién era yo realmente. Esta posibilidad me causó escalofrío. Según las voces, el sacerdote de la iglesia católica había querido apartarse de mí porque yo era muy malo. ¿No estaría cortándome la garganta al admitir tal cosa ahora? Suprimí ese pensamiento. Si me rechazaban, así tendría que ser. Yo sabía que tenía que hablar. Si no hablaba, era probable que su oración fuera inútil de cualquier modo.

De repente aparecieron luces en el horizonte. Busqué un aviso que me indicara el nombre del pueblo, y pronto lo hallé. Estaba en Watford. Había llegado, aunque la mayor parte del viaje no sabía hacia dónde iba. Agarré el volante con más fuerza.

— ¡Regresa! — siseó el espíritu guía —. ¿Quieres matarte?

El auto siguió pasando por aquel pueblo dormido. Me encontraba en una calle principal que tenía casas de terraza a un lado y otro. No conocía ninguno de los nombres de las calles. Llegué a una esquina vacía, y me detuve ante el semáforo.

— Señor, indícame hacia dónde debo ir — oré en voz baja.

— No hay ninguna parte a la cual ir — me dijo una voz —. Estás dando vueltas como un tonto. Nos aseguraremos de que nunca encuentres la manera de llegar.

Impulsivamente viré a la izquierda y luego viré un par de veces al azar. Esto me condujo a una calle lateral que tenía bordes verdes y árboles. Miré fijamente hacia afuera en busca del nombre. Para sorpresa mía, descubrí que estaba en la calle Alexandria. El sonido que había en mi mente creció hasta convertirse en una tormenta. Tuve que disminuir la velocidad y parpadear para dispersar el dolor. Las casas iban pasando. Yo iba viendo los números hasta que llegué a una puerta que no tenía número, sino un nombre. Miré más de cerca: *Casa Pastoral*. Detrás de la puerta había un edificio grande, con una luz al frente de una habitación en la planta baja.

— ¡Continúa tu camino! ¡Continúa tu camino! — chillaron las voces.

Frené con un sacudón y abrí violentamente la puerta del auto.

— ¡Continúa tu camino! ¡Aléjate de aquí, desdichado!

Pero yo ya estaba fuera del auto y corriendo con las manos sobre los oídos, y me dirigía hacia la puerta del frente. Toqué la puerta con fuerza. Tan pronto como se abrió, me precipité hacia adentro y me recosté contra una pared, mientras trataba de recobrar el aliento.

— ¡Que bueno que logró llegar! — me dijo el hombre que estaba adentro.

Era un señor de buena constitución física que estaba en mangas de camisa.

— Soy Barrow — me explicó.

Me llevó a un gran salón donde las brasas del fuego humeaban en la chimenea. Se habían colocado algunos sillones antiguos, que estaban cubiertos, y unas tazas vacías para café en una pequeña mesa de roble. Fotografías de clubes juveniles varoniles y equipos de fútbol ocupaban la mayor parte del espacio en las paredes. El lugar daba la apariencia de ser cómodo y bien usado.

Los otros hombres estaban de pie cuando entré. Barrow me los presentó: el señor Brideswell, ministro presbiteriano, y el señor Williams, obrero laico de la iglesia de Barrow.

— Hemos orado por usted a fin de que tuviera un viaje sin novedad — dijo Brideswell.

— No es fácil conducir con demonios — observó Barrow —. Hay un hecho curioso: comprendí que usted estaba poseído desde el momento en que lo vi en el Templo de la Ciudad.

Lo reconocí como el hombre que había discutido antes que Carroll hiciera la oración.

— ¿Fue eso lo que usted estaba tratando de explicarle al Reverendo Carroll? — le pregunté.

— Sí. Él no estuvo dispuesto a escucharme. Los peces pequeños no les pueden decir lo que deben hacer a los grandes, ni siquiera en la iglesia, señor Lee.

Sonreí nerviosamente. Sentía que había una tremenda fuerza en esos hombres.

Sentía como si Jesucristo mismo estuviera de pie, invisible, en el cuarto. Al mismo tiempo, tenía la incómoda convicción de que yo era un impostor. En un sentido puramente físico, yo podía sentir la presencia del mal dentro de mí. Me parecía que tenía los intestinos llenos de serpientes que se retorcían. Estaban luchando por mantener su posición, esperando la oportunidad de dar el golpe. En esa casa cordial y agradable, yo estaba causando cierta clase de contaminación espiritual.

— Bueno — comenzó Barrow mientras se frotaba las manos en señal de amistad —, pienso que es mejor que comencemos.

— Espere — dije apresuradamente; luego hice una pausa, mientras jugaba con los dedos en el brazo del sillón —. Cuando venía en camino, decidí contarles algo que deben saber con respecto a mí.

Barrow levantó las cejas.

— No iba a decir nada — continué —, pero quiero decir claramente que no asisto a ninguna iglesia. Ni siquiera según las normas corrientes soy un hombre bueno, aunque siempre he tenido el cuidado de tener una presencia respetable. Hay mucho que está escondido dentro de mí, de lo cual me avergüenzo . . .

Comencé a hablarles acerca del hecho de que en mi trabajo hacía cosas fraudulentas, de mi arrogancia y de mi secreta propensión a la literatura pornográfica. Mientras declaraba eso me vinieron otras cosas a la mente. Poco a poco, la lista se fue haciendo cada vez más larga. La parte mala de mi naturaleza era como la hidra de la mitología griega: de aquel lugar del cual se le cortaba una cabeza de inmediato brotaban dos que ocupaban su sitio. De súbito descubrí que mi vida estaba repleta de maldades. Acciones que había olvidado, y acciones que aún realizaba con comparativa inocencia, se me presentaron en ese momento en su aspecto tenebroso. Fue horrible oírme a mí mismo mientras les contaba todo. Sin embargo, no podía detenerme. Tenía que continuar sacando hasta llegar a su amargo fin. Hubo cierto momento en que el pánico se apoderó de mí, y frenéticamente miraba a los hombres uno por uno, pues estaba convencido de que estaban a punto de echarme. Pero ellos no decían nada, hasta que finalmente me ahogué con mis palabras y quedé en silencio, temblando, con los ojos desviados.

Williams se aclaró la garganta. Luego abrió la Biblia y dijo:

—Señor Lee, la Palabra de Dios nos dice: "Si confesamos nuestros pecados, él es fiel y justo para perdonar nuestros pecados, y limpiarnos de toda maldad." Todos hemos hecho cosas de las cuales nos avergonzamos. Estas acciones se llaman "pecados" en la Biblia, y nos separan de Dios. Pero si admitimos que las hemos hecho, y las confesamos, Dios nos perdona y desiste del castigo que merecemos. No se preocupe —prosiguió con una sonrisa—. Hizo bien en reconocerlas delante de nosotros. Las ha confesado a nosotros y a Dios, y seguro que Él se las ha perdonado. Lo único que nos queda por hacer es liberarlo del diablo.

Barrow me invitó a arrodillarme en un rincón retirado del salón, donde había un pequeño altar. Me arrodillé y me quedé mirando la llama de la vela que danzaba sobre la tela de color púrpura. Una paz había descendido sobre mí. Me parecía que, de súbito, alguien me había quitado de los hombros un peso bajo el cual me había estado tambaleando durante años. También sabía lo que era: el mismo "pecado" de que Hartley me había advertido en 1928. En ese momento me era increíble comprender cómo había dejado de entender su significado. Al mirar retrospectivamente me era dolorosamente obvio que, después de desechar a Dios y al diablo, considerándolos como mitos, había caído directamente en el pecado. ¡Qué torpe había sido! Pero no, ya me había enfrentado al asunto. Cerré los ojos y exhalé un suspiro de alivio.

Williams, quien se había puesto detrás de mí, colocó una mano sobre mi hombro.

— Piense en el Señor, señor Lee — me dijo —. Recuerde que, cuando acudieron a Él los que estaban poseídos por espíritus malignos, echó fuera dichos espíritus con una sola palabra.

Comencé a recordar. Curiosamente, le debía eso a la Casa Bastion; a pesar de sus muchos fracasos aparentes, el director tenía una cualidad que compensaba: creía que debía dar educación cristiana a sus alumnos. Teníamos lecturas bíblicas como parte regular de nuestro estudio.

— Cristo les da a sus seguidores hoy — continuó Williams — la autoridad de hacer lo que Él hizo en aquel entonces.

Dentro de mí, las voces daban alaridos bestiales

que no tenían ninguna significación. No podía distinguir la una de la otra. Parecía que se había producido una anarquía y que peleaban entre sí. Lo único que yo sentía era una ira violenta: contra Dios, contra Cristo, contra los hombres que estaban en aquel salón y contra mí. Los síntomas físicos eran tan claros que hubiera podido jurar que mis intestinos se retorcían dentro de mí. Me temblaba la mano derecha, y la pantalla de mi mente estaba proyectando cuadros bruscos y cambiantes a través de mi visión. Traté de pensar en la escena que había descrito Hartley, en la cual Jesús se enfrentó al diablo en el desierto. El diablo tentó a Jesús tres veces, y tres veces lo venció Jesús. Me vinieron náuseas.

Williams respiró profundamente y, con voz alta y autoritaria, dijo: "Satanás, te ato en el nombre del Señor Jesucristo. Y ordeno que salga de este hombre todo espíritu maligno, ahora mismo, en el nombre de Jesús."

Los espíritus dieron un final y convulsivo tirón. Mientras Williams hablaba, yo sentía dentro de mí una agitación que era como la subida de la ola en el momento antes de romperse. Luego, sentí que los espíritus malignos fueron expulsados violentamente de mí, como si una mano poderosa se hubiera extendido hacia lo más profundo de mi ser y los hubiera arrancado. Di un grito y me caí hacia atrás . . .

El diablo se había ido.

8
EL NUEVO HOMBRE

Sentí que un par de manos me agarraban los hombros. Eran las manos del señor Williams, quien me había sostenido cuando perdí el equilibrio. Los otros hombres estaban en cuclillas delante de mí. Barrow me había agarrado un brazo.

— ¿Se siente bien? — me preguntó.

— Sí . . . sí.

— ¿Se han ido las voces?

Comencé a recuperar el juicio. Dentro de mi mente había completa calma; no sólo estaban ausentes el ruido y la actividad, sino que había algo positivo, como un día tranquilo de verano.

— Sí — suspiré —, se han ido.

Yo estaba absolutamente seguro de ello. No quedaban dudas en mi mente, como me habían quedado en el Templo de la Ciudad. Pude observarme a mí mismo, como un hombre puede mirar una casa recién decorada y hallar que cada cuarto está brillante y fresco, con las ventanas abiertas por completo para saludar el nuevo día. No quedaba en mi cabeza ni el más leve murmullo. La pantalla oblonga que había aterrorizado mi visión, había parpadeado y se había apagado como se apaga una vela. Al mover los dedos de mis manos, descubrí que estaban completamente bajo mi control. Estaba libre.

De repente, mi corazón hubiera podido estallar de gratitud. No hice ningún intento de ocultar mis sentimientos.

"Gracias, Señor — dije con una voz trémula por la emoción —. ¡Oh, muchísimas gracias!"

La tensión que había estado aumentando durante el día finalmente se había quebrantado. Había comenzado mi búsqueda casi como una acción refleja, como un grito angustiado de ayuda. La había terminado como un hombre cambiado. Vez tras vez había experimentado desilusión. Al principio había experimentado la desilusión del jugador a quien derrotan simplemente las leyes del azar. Pero cuando iba conduciendo mi vehículo hacia Watford, pensando en un fracaso final y conclusivo, me hallaba en un estado de arrepentimiento. Yo sabía que si fallaba la oración, y yo quedaba abandonado en manos del diablo, eso no sería más de lo que yo había merecido.

— ¿Por qué hizo esto? — pregunté —. ¿Por qué Jesucristo hizo eso?

— Porque Él lo ama — contestó Barrow con una sonrisa.

— Pero no lo merezco. Lo odié durante treinta años. Ni siquiera permitía que mis hijos fueran a la escuela dominical.

— Si Dios nos tratara a todos — explicó Barrow — sencillamente según lo que merecemos, estaríamos en un gran lío. El primer paso para llegar a ser cristiano consiste en reconocer que no merecemos nada.

— Pero, ¿cómo pudo Él amarme?

— Dios ama a sus enemigos — replicó sencillamente Barrow —. Nadie es tan malo que Dios no pueda amarlo, ni siquiera Stalin. Él siempre busca oportunidades para alcanzar a los perdidos y hacer que se reformen. Y si cambian, Él permite que comiencen completamente de nuevo, tal como lo está haciendo con usted.

Cerré los ojos. La verdad comenzó a desenvolverse delante de mí de una manera tan clara como nunca antes. Yo había dado por sentado que el concepto que tenía de la vida era generalmente el correcto, y consideraba al cristianismo como una grosera creencia medieval, apta sólo para las personas inadecuadas y fanáticas. De ese modo me había constituido en enemigo de Dios. No hay duda de que Satanás me dio cierto estímulo para eso. El hecho de despreciar la religión impulsaba mi orgullo. Pero no tenía ninguna posibilidad de ganar la guerra contra Dios. En realidad, no era en realidad una guerra, pues Dios no me consideraba como su enemigo (tal vez Él no tenga ninguno), sino como alguien que estaba perdido y necesitaba ayuda. El hecho de que aún estaba vivo y en mi juicio cabal se lo debía únicamente al amor de Dios.

Sentí que, detrás de mí, Williams se ponía de pie. Los otros dos hicieron lo mismo. Se quedaron un rato en silencio, antes que Barrow dijera bondadosamente:

— Bueno, señor Lee, creo que es mejor que usted regrese a su hogar. Tiene que recorrer un largo trecho, y debe de estar cansado.

— Sí, por supuesto.

Me levanté, y les agarré cordialmente las manos. Estaba tan cansado que gustosamente me hubiera acostado en el piso y hubiera dormido hasta la tarde. Busqué todas las palabras que pude encontrar para expresar mi gratitud al señor Barrow y a sus amigos por la ayuda que me habían dado. Eso tampoco lo merecía. Los tres hombres aceptaron bondadosamente mi expresión de gratitud. Como yo, ellos también estaban agotados; mientras yo daba vueltas por la ciudad, ellos habían estado de rodillas en oración.

Pronto salimos a la puerta y nos despedimos. Cuando salí, el aire frío de la noche me acarició el rostro. Eso me hizo recordar las frías fuerzas espirituales que algunos minutos antes habían estado dentro de mí. Volví a mirar al señor Barrow.

—No se afane —me dijo—. Jesucristo lo ha liberado. No correrá el peligro de ser atacado por el diablo en el camino a su casa. ¡Sólo maneje con cuidado!

Se cerró la puerta.

Me volví y, buscando todo el valor que pude, caminé hacia la puerta de afuera. Cuando llegué allí, me detuve a escuchar. Estaba seguro de que había oído en medio de la oscuridad, junto a mí, un ruido como el que produce una ramita cuando alguien la pisotea. Miré hacia un cuadro negro que estaba en frente de la casa, el cual a la luz del día hubiera tenido la apariencia de un césped o un jardín de rosas. No vi ningún movimiento. Vacilé, pues tenía temor de quedarme ahí parado, y temor de proseguir. Creía plenamente que el Señor había sacado de mi cuerpo al espíritu guía y las otras voces. ¿Pero dónde estaban ahora? Me vino el pensamiento de que pudieran estar esperándome en las sombras, fuera de la casa, o escondidos en el auto.

Corrí de regreso hacia la puerta y toqué fuertemente. Respondió el señor Barrow.

— Estoy aterrorizado — le dije, mientras lo miraba de manera quejumbrosa —. ¿Está seguro de que de veras se fueron los espíritus? ¿No pudieran estar aquí afuera dispuestos a poseerme de nuevo?

— No — dijo sonriente —. Esos espíritus se han ido para siempre. Y aunque no se hubieran ido, eso no importaría. Ya no tienen más poder para hacerle daño que el que tuvieron cuando fueron echados.

— Pero ahora estoy solo.

— ¡Tonterías! — exclamó con voz resonante —. Los cristianos nunca están solos. Jesucristo con ellos dondequiera que se encuentren. Y si Jesucristo está con usted, el diablo no puede hacer nada.

En silencio moví afirmativamente la cabeza. Creía lo que él decía, pero aún tenía miedo.

— Regrese ahora — me ordenó Barrow —, y confíe en el poder de Jesucristo.

Volví por el sendero hacia la puerta de afuera. Esta vez logré llegar hasta el auto antes de regresar.

La segunda vez que regresé, Barrow se expresó de una manera más firme.

— Mire — dijo —, usted tiene miedo por causa de las tinieblas. La Biblia dice que Jesús es la luz. Donde hay luz, las tinieblas tienen que huir. Usted tendría muy poco miedo si hubiera plena luz del día en este momento, ¿verdad? Claro. Entonces, salga con el conocimiento de que la Luz está en usted. De ahora en adelante, si se encuentra al diablo o a sus espíritus, acuérdese de esa Luz. El diablo huirá de ella.

Por tercera y última vez se cerró la puerta, y me volví para enfrentarme a la noche. Sinceramente tenía la esperanza de que no me encontrara con el diablo ni con sus espíritus. En ese momento me sentía como un hombre que se cae de un barco al agua: me había escapado de ahogarme, pero aun tenía que enfrentarme a un largo y peligroso trayecto de natación hasta la playa. Todos mis instintos me decían que, escondidas debajo de las espumosas ondas, estaban las rocas. Durante la hora siguiente iba a requerir más fuerza que la que poseía.

Caminé apresuradamente hasta el auto, y puse en marcha el motor. Hasta ese momento, todo iba bien. Ningún espectro procedente de la oscuridad había saltado sobre mí. Sin embargo, alrededor de mí sentí un frío inconfundible. No era frío físico, aunque el aire estaba realmente frío. Eso me sobrecogió. Me imaginaba que estaba suspendido sobre un mar glacial, colgando de un largo hilo delgado. Esta cuerda era lo único que impedía que cayera en las aguas que estaban debajo de la superficie. En voz baja oré.

"Señor, estoy agarrado de la punta del hilo que me corresponde tan fuertemente como puedo; por favor, no sueltes el lado tuyo."

El viaje de regreso a Enfield fue mejor que la ida, sólo por el hecho de que las voces no me gritaban en los oídos. Pero me sentía más agotado, y tres veces casi me salgo de la carretera a causa del sueño. En cada ocasión me las arreglé para volver a la semiconciencia, a tiempo para corregir la dirección del vehículo. Cuando llegué a casa, estaba sollozando de gratitud por cuanto aún estaba vivo.

A rastras me salí del auto y entré en la casa. *Pendragon* estaba igual como la había dejado alrededor de la una de la mañana. Desde entonces habían pasado tres horas. Me recosté contra la puerta del frente para cerrarla, y allí permanecí mirando hacia el vestíbulo. Delante de mí estaba la escalera tan oscura como habían estado antes. Ya no ejercía ningún poder tentador sobre mí. Sin embargo, no tenía deseo de subirla. La oscuridad, ese terror que había en mi propio dormitorio, donde había ocurrido gran parte de mi sufrimiento, era el último obstáculo que había en el camino. Obligándome a mí mismo, me quité el sobretodo y subí.

Cuando entré en el dormitorio, Joanna estaba respirando suavemente. No se movió. Miré hacia los oscuros rincones, como si esperara avistar un fantasma o una leve vislumbre de la pantalla oblonga. No había nada; sólo el resplandor de la luz de la calle, que atravesaba las cortinas. Me cambié la ropa y me senté en el borde de la cama. En la mesa de noche estaba el frasco de pastillas para dormir que había tocado por la mañana del día anterior, cuando estaba buscando el reloj despertador. Lo tomé en la mano y comprendí que, por primera vez en varios meses, no iba a necesitar las pequeñas cápsulas de color verde y blanco. En ese momento, quedarme despierto hubiera sido más difícil que quedarme dormido. Devolví el frasco a su lugar, me acosté y me cubrí.

"Gracias, Señor — suspiré —. No sé por qué me amas tanto. Pero te doy las gracias."

A los pocos segundos estaba dormido.

Todo el proceso de mi liberación había necesitado un poco más de doce horas. Ni médicos ni psiquiatras habían participado en él. Sencillamente se había orado por mí, y los espíritus malignos habían salido de mí. A partir de ese momento, cambió mi vida; pero no volví al viejo molde ateo en el cual me había metido antes. Me sentía como si mi vida hubiera recibido una nueva prórroga; en realidad, como si hubiera recibido una clase de vida completamente nueva. Esta era una vida dirigida y habilitada por Jesús. Por supuesto, el temor y la fatiga no se extinguieron de inmediato. Durante largo tiempo, lo único que quería era estar tan lejos de mi pasado como me fuera posible. Las tentaciones del diablo en el desierto no eran para mí. Me habría sentido satisfecho con que todo el conocimiento que tenía del diablo se hubiera borrado de mi memoria. En ese tiempo me habría chocado saber que algún día tendría que volverme a enfrentar con las fuerzas del diablo, aunque de una manera muy diferente.

Con respecto a los días que siguieron a la liberación, poco puede decirse aquí. Comencé a aprender la manera de ser un seguidor de Jesús. Este aprendizaje estaba en agudo contraste con el aprendizaje que me había dado el espíritu guía. Los temas del temor y la coerción dieron lugar a un nuevo tema: la acción de gracias a Dios por lo que Él había hecho. Por supuesto, había problemas y desafíos. Por ejemplo, cuando comencé a asistir a la Iglesia de San Anselmo, ninguno de sus miembros — ni siquiera el vicario — podía creer que yo había estado poseído por espíritus malignos. Invariablemente, recibían mi historia con miradas embarazosas o apresurados intentos de cambiar el tema. Su actitud me dejaba perplejo. Me parecía que los cristianos que había conocido en Watford eran la excepción de la regla general, y que yo había sido sumamente afortunado al hallarlos.

Una dificultad más apremiante surgió en mi hogar. Después que me convertí, comprendí el pasmoso peligro al cual había llevado a mi familia por mi devoción al espiritismo. Yo mismo había escapado de sus consecuencias por un milagro. Naturalmente, pensé que era mi deber salvaguardar a mi esposa y a mis hijos. La mañana siguiente a mi liberación, me levanté, preparé el café, subí al dormitorio y se lo llevé a Joanna. Le conté lo que había sucedido. Le expliqué cómo finalmente Jesucristo me había librado de las voces de los espíritus. Le dije que me había convertido al Señor. Le pedí perdón por haberla extraviado mediante la investigación del espiritismo a la cual me había dedicado. Fui enfático en explicarle que eso era muy peligroso, y le rogué que se uniera a mí en la fe cristiana.

Ella no quiso. Y en los años que siguieron, a pesar de todos mis esfuerzos, permaneció firme en su decisión. Esto se debió en parte a que, desde afuera, mi conversión tuvo que haber tenido la apariencia de ser un proceso lento. Mucho tiempo después que me hube recuperado del impacto físico y psicológico de esa experiencia, aún estaba luchando para vencer los rasgos desagradables de mi naturaleza, pues había llegado a comprender que eran malos. Aún me enojaba y me negaba a oír. Nada de eso ayudaba a restaurar la fe de Joanna en mí. Para ella, el cristianismo era lo último en una serie de "grandes ideas" que yo tenía, otra locura fanática con la cual no quería nada. Como resultado, mis frecuentes prédicas de hombre remordido por la conciencia sólo servían para ampliar la brecha que yo había abierto por causa de mi obediencia a los espíritus. Eso era doloroso para ambos; pero yo no sabía cerrar la brecha.

Pasó el tiempo. Milagrosamente, yo había pasado por toda la traumática serie de posesión de espíritus y conversión sin perder un día de trabajo. Las sospechas que habían surgido en mis colegas pronto se tranquilizaron. No mucho tiempo después, recibí otra promoción hacia el nivel de gerencia, y volví a la rutina de la vida diaria. Trataba de practicar la vida cristiana lo mejor que podía y de olvidar la experiencia por la que había pasado.

Con el propósito de expresar mi gratitud a Dios, comencé a hacer algo de trabajo voluntario. Una de las primeras cosas que hice fue unirme a los samaritanos. Era un grupo de personas que estaban dispuestos a oír a quienes estuvieran dominados por la depresión o al borde del suicidio. Mediante esta organización, conocí a Tom Marriott en los últimos años de la década de los sesenta y comencé a participar en el trabajo de rehabilitación de drogadictos en Portal House, Romford. Para mí, Tom era una persona muy carismática. Me parecía que encarnaba la clase de apertura y entusiasmo que yo pensaba que los cristianos realmente debían tener, pero de los que carecían en la mayor parte de los lugares donde los había visto. Gradualmente, fui dedicando más y más de mi tiempo libre al proyecto de Tom, y trabajando junto con él aprendí mucho, hasta que se mudó para comenzar otro programa en el ambiente rural de Essex.

Por aquel tiempo, me ocurrieron dos crisis. Primero, perdí mi trabajo. En 1970 hubo una reorganización de la industria, y se me otorgó una jubilación adelantada. Rápidamente después de esto, recibí un golpe mucho más doloroso. La salud de Joanna comenzó a deteriorarse. En cierto sentido, el hecho de que yo no estaba trabajando resultó ser algo providencial, puesto que pude dedicarme a atenderla. Pero lentamente fue empeorando hasta que, después de dos operaciones grandes, murió en marzo de 1972. El hecho de que los médicos me advirtieran que ella moriría hizo muy poco para suavizar el impacto cuando llegó el día. En general, nuestro matrimonio había sido muy feliz y, a pesar del alejamiento por causa del tiempo que dediqué al espiritismo y por mi conversión, me embargó un dolor profundo por haberla perdido. Pasó un largo tiempo antes que pudiera ver, junto al dolor, la oportunidad de un nuevo comienzo.

Durante los siguientes cinco años sucedieron varias cosas que sólo pueden mencionarse brevemente. De manera no oficial, comencé a ayudar en la iglesia de Trevor Dearing en Hainault. En ese tiempo había mucho interés por parte de los medios de comunicación social en las sanidades y liberaciones milagrosas que estaban ocurriendo allí. Era muy poco lo que yo hacía en el ministerio de la iglesia; pero cuando Trevor salió a fundar la Misión de Poder, Alabanza y Sanidad, me ofrecí para ayudarle. Como aún no había comenzado otro trabajo, tenía mucho tiempo disponible.

En muchos sentidos me sentía muy solo. Es cierto que había mucho trabajo que me mantenía ocupado, y tenía muchos amigos, pero en la casa sólo quedaba conmigo mi hijo menor David, y no pocas veces estaba ausente. El hecho de que conocí a Bella fue tanto una sorpresa como un gozo. Comprendí entonces que me volvería a casar. Me parecía que eso era una completa compensación por la angustia a que el diablo me había sometido. Incluso se transformó la casa. Un poco antes de la boda me pareció apropiado cambiarle el nombre. La llamé *¡Aleluya!*.

A partir de nuestra boda comenzó a desarrollarse nuestro ministerio. No hablo de ministerio en el sentido de que yo sea un ministro ordenado. Cualquier persona puede aplicar esta palabra al trabajo especial que Dios le ha encomendado. El ministerio nuestro ha girado en torno a nuestro hogar. De cuando en cuando salimos a participar en programas misioneros y en cultos en las iglesias, pero la mayor parte del tiempo, las personas nos llaman y nos preguntan si pueden acudir a nuestra casa para que oremos por ellas. Tienen una amplia variedad de problemas, y pocas veces tenemos las capacidades técnicas para resolverlos; pero si buscan a Cristo de la manera como yo lo buscaba en 1961, Dios puede usarnos de una manera notable para ayudarlas.

Pero me he adelantado en la historia.

En los primeros días que estuve en Portal House tuve mi segundo roce con el diablo. A partir de mi conversión, no había conocido a un solo cristiano que tuviera antecedentes como los míos. Sin duda los miembros de la Iglesia de San Anselmo eran respetables hasta la médula. Los habían bautizado al nacer, los habían confirmado a los once años de edad y todos los domingos estaban sentados en la iglesia, según habían acostumbrado toda su vida. Aun los creyentes más activos que conocí en el trabajo de rehabilitación pertenecían a hogares tranquilos y corrientes. Estaban informados con respecto a los centros espiritistas, pero nunca habían entrado en ninguno de ellos, y sin duda no habían estado poseídos por espíritus malignos. Yo era el único que tenía tal distinción no envidiable. Como resultado de esto, me vi obligado a llegar a la conclusión de que el diablo no jugaba ningún papel en la vida diaria del cristiano, y que, en lo concerniente a mí, era como si no existiera.

¡Me sentía bastante feliz de creer eso! Sólo deploraba que muy pocas personas parecían entender lo que me había ocurrido. Al mismo tiempo, estaba aprendiendo rápidamente lo relacionado con el poder de la oración. En Portal House, un drogadicto había decidido recientemente suspender el consumo de heroína sin utilizar sustitutos químicos, siempre que Tom orara por él. Como consecuencia de esa decisión, no sufrió ni un síntoma por haber abandonado la droga. Eso me dejó en realidad sorprendido, pues había visto a otros drogadictos que habían tratado de hacer lo mismo, sin oración, y habían pasado días con los dolores más horribles. Lo que más me impresionó fue el hecho de que Tom esperaba que eso sucediera. No hizo ningún escándalo. Sencillamente oró, y el milagro ocurrió. Nunca se me había ocurrido que los milagros estaban destinados a formar parte de la experiencia diaria del creyente en Cristo.

No mucho tiempo después de este incidente, pasé parte de un sábado por la tarde limpiando el auto. Era un día caluroso de verano, de los ideales para hacer algo fuera de casa. Llené una vasija de agua enjabonada, tiré dentro una esponja, me arremangué la camisa y salí al jardín del frente.

Todo marchó bien durante los primeros diez minutos. Luego descubrí que una mancha que había estado frotando furiosamente estaba realmente en la parte interna de la ventana. Me subí al asiento de atrás para continuar el trabajo. Como el auto estaba al sol, el asiento estaba ardiente y salté al tocarlo, y de algún modo hice que se cerrara la puerta. Suspiré y comencé a trabajar para quitar la mancha. Pronto desapareció, y yo me retorcí con el fin de salir, pero la puerta no abría. La empujé y la sacudí un rato antes de entender lo que pasaba.

El auto tenía una cerradura a prueba de niños en las puertas de atrás. Este apreciable dispositivo tenía el propósito de impedir que los niños pequeños abrieran la puerta mientras el auto estaba en movimiento. Como yo no tenía niños pequeños, no había tenido ocasión de usarlo. En consecuencia, había olvidado que estaba allí. Cuando entré para limpiar la ventanilla, tuve que haber empujado la palanca y activado la cerradura. Era imposible abrir la puerta desde el interior del vehículo.

Esto hubiera podido convertirse en un serio problema, si no hubiera dejado abiertas las otras tres puertas. Me arrastré como pude sobre el asiento para salir por la otra puerta. Me quedé un momento de pie mientras me enjugaba el sudor de la frente. Por alguna razón que no podía identificar, esa cerradura a prueba de niños me parecía muy importante. Casi me parecía que Dios me estaba diciendo que recordara eso, aunque era peculiar que lo manifestara de esa manera. Yo no había tenido mucha experiencia en cuanto a recibir instrucciones de Dios, ni de ningún otro ser del otro mundo, desde el tiempo en que había estado metido en el espiritismo. Y este sentimiento que tenía era muy diferente a los gritos que me lanzaba el espíritu guía. Alejé un poco ese pensamiento de mi mente, y proseguí el trabajo.

Esa noche me correspondió el turno en los samaritanos. Llegué a la oficina de Romford a las ocho. De inmediato revisé la lista del personal que debía estar allí esa noche. Le correspondía el turno a una joven pareja: Brenda e Ian. Comenzamos a charlar con un anciano que tenía problemas de embriaguez. Él acudía con regularidad tanto a entrevistarse con nosotros como a beber en la taberna en la misma calle. Con frecuencia entraba a nuestro centro en busca de una taza de te; y juraba que la bebida lo iba a matar, así que a partir de esa noche la iba a abandonar. Pero nunca lo hacía. Cuando llegó la primera llamada telefónica, me retiré al cuarto de atrás para contestarla. Hubo otras tres llamadas, una de las cuales estaba relacionada con un suicidio potencial. Eso me mantuvo ocupado casi toda la primera parte de la noche.

A eso de las diez de la noche oí un fuerte gemido en nuestra oficina del frente. Terminé de hablar por teléfono y salí a ver lo que estaba ocurriendo. Sentada en un sofá bastante raído estaba una mujer que lucía cuarentona, con su cara metida en un pañuelo y llorando inconsolablemente. Tenía cabello crespo y de color negro azabache. A juzgar por el color del pañuelo, estaba exageradamente maquillada. Un juego de brazaletes de cobre sonaba discordante en su muñeca izquierda.

—¿Cuál es el problema? —le pregunté a Ian.

—No sabemos.

Brenda estaba sentada junto a la mujer, con un brazo sobre el hombro de ella.

—Dice que no soporta —explicó Brenda— regresar a su casa en el tren.

—¿Dónde vive?

—En Luton. Ha estado aquí con algunos familiares. Tiene el boleto para el regreso, pero siente terror de usarlo.

—¿Le dio el nombre?

—Sí, Alice.

Me arrodillé frente a la mujer y le dije:

—Alice, usted no necesita llorar. Somos sus amigos.

Lloró aún más fuertemente.

—¿Puede decirnos qué le pasa?

Nada de lo que yo dijera lograba la más leve respuesta.

— Ya casi son las diez y media de la noche — intervino Ian —. Brenda y yo tenemos que irnos pronto.

— Y la oficina se cierra a las once — respondí —. No podemos dejarla aquí toda la noche.

Hubo una pausa.

— ¿Tal vez en nuestro camino de regreso, sencillamente la dejemos en la estación del tren, y esperemos que suceda lo mejor? — preguntó Brenda.

— Me parece muy bien, es un magnífico gesto de ustedes — dije con un movimiento afirmativo de la cabeza —. Realmente no veo ninguna otra alternativa.

La pusieron de pie y salieron lentamente, uno a cada lado de ella. Brenda llevaba la brillante cartera de Alice. Los acompañé a la puerta y luego me senté frente al teléfono. No hubo ninguna llamada. Regresaron a las 10:45.

— Llegó hasta el portal de salida — explicó Ian —. Luego se desplomó. Así que tuvimos que devolverla.

Ella estaba respirando fuertemente. Pude comprender que la pareja quería irse.

— No se preocupen — les dije —, déjenla conmigo. Pensaré en algo que pueda hacer, aunque sólo sea llamar una ambulancia.

Ellos ofrecieron quedarse también, pero rechacé la oferta. Cuando se hubieron ido, acerqué una silla, y me senté frente a Alice, quien aún lloraba. Había enrollado su pañuelo hasta formar una bolita. Tuve compasión de ella. Evidentemente había algo que la preocupaba tanto que ni siquiera podía expresarse. Pensé en el drogadicto que había abandonado la heroína algunos días antes, y entonces me vino una idea. ¿Por qué no oraba por ella? No hay dudas de que imponer cualquier concepto personal religioso a algún cliente era algo que estaba contra las normas de los samaritanos; pero allí no estaba ninguna otra persona, y con toda seguridad, en un caso tan extremo . . .

En ese momento ella estaba moviendo negativamente la cabeza y gimiendo.

— Nadie puede ayudarme. ¡Nadie!

— Conozco a Alguien que puede ayudarle, Alice — le respondí, sacando valor de alguna parte —. El Señor Jesucristo.

Ella cambió en el acto. De repente, la delgada y temblorosa figura se irguió sobre su asiento y colocó las manos empuñadas sobre su regazo. Por primera vez le vi directamente el rostro. Estaba endurecido y surcado de profundas arrugas. Su piel tenía un oscuro tinte tropical. Sus ojos, que aún estaban rojos y llenos de lágrimas, me lanzaron una mirada airada.

— No use ese nombre en mi presencia — dijo con una lenta ira venenosa —. ¡Mis padres me prometieron al diablo, y pertenezco a él!

Por reflejo casi me había puesto de pie. Me quedé tranquilo observándola para ver lo que haría. No se movió. Pronto vi que, aunque tenía los ojos abiertos, habían perdido la movilidad. Me parecía que había tenido alguna clase de ataque, y había perdido el sentido. Gradualmente se fue dejando caer hasta que cayó del sofá al piso. Volteó la taza de té, que estaba sobre el brazo del sofá.

Otra vez me di cuenta de que yo estaba respirando. Al frotarme las manos, las sentí húmedas. Hacía mucho tiempo que no oía hablar a nadie con respecto al diablo, y no estaba disfrutando de esa presentación: ese nombre trajo unos recuerdos dolorosos para mí. Me quedé de pie a cierta distancia, mirando el cuerpo, mientras permitía que mis pensamientos se volvieran a asentar como fino sedimento en lo recóndito de mi mente.

¿Debía tomarla en serio? Me parecía que la posesión de demonios era un fenómeno tan raro que, al reflexionar, no me sentí inclinado a creerle. En algunas ocasiones, los esquizofrénicos también hablan acerca del diablo, aunque nunca hayan estado poseídos. Una condición mental como esa sin duda explicaría el repentino e irracional temor de regresar por tren a su casa. De cualquier modo, había que hacer algo. Había una salida ingeniosa: a los quince minutos yo tendría que cerrar la oficina.

Después de pensar un momento, hice un plan. Puesto que Alice tenía miedo de regresar a su casa en tren y, de cualquier modo, parecía que estaba fuera de sí, sencillamente la arrastraría hasta el auto y yo mismo la llevaría a Luton. El día siguiente era domingo, y yo podría ir a mi casa a dormir antes del culto dominical. De esa manera, por lo menos, atendería el problema, y ella estaría fuera de mi responsabilidad. Recogí los pedazos de la taza de té, y luego di una vuelta por el edificio para apagar las luces.

Estaba a punto de agarrar a Alice, cuando sonó el teléfono. Me llamaba Tom Marriott.

—¡Qué bueno que te conseguí, Robert! No sé por qué todo el día he tenido en mi mente la carga de orar por ti.

—Me caería bien un poco de oración ahora mismo, Tom —le dije riéndome—. Tenemos aquí a una mujer que dice que sus padres la prometieron al diablo. Entró llorando porque no podía enfrentarse al viaje de regreso a Luton.

—¿Dónde está ella ahora? —preguntó Tom. Había un indicio de urgencia en su voz.

—Bueno, aquí. Realmente está tirada en el piso. Estaba a punto de colocarla en el auto y llevarla a su casa.

—No hagas eso.

—No hay problema, Tom. Puedo manejar eso. Realmente puedo.

—Por amor al cielo, no lo hagas, es muy peligroso.

—Bueno, ¿qué debo hacer entonces con ella?

—Espera allá —pidió Tom después de una pausa—. Estaré contigo en un santiamén y te acompañaré.

Él colgó el receptor. Devolví el teléfono a su lugar y me incliné hacia el escritorio con los brazos doblados. Alice yacía aún tendida de bruces en medio de la sala. Tom llegaría en seguida, pues su casa estaba a la vuelta de la esquina. Pronto llegó, pero no estaba solo. Llevó a un amigo que era ayudante voluntario en Portal House, el cual iría parte del camino con nosotros.

—Bueno —dijo Tom, cuando vio a Alice—, saquémosla. Colócate al otro lado de ella, Mike.

Cada uno de ellos la tomó de un brazo, y comenzaron a arrastrarla hasta sacarla por la puerta. Tranqué la cerradura y corrí adelante para permitirles que entraran en el auto. Afuera había calor y humedad. Aunque el día había sido claro, no se veían estrellas. Pensé que había oído un trueno a la distancia.

Alice había vuelto en sí y estaba luchando débilmente.

—Vamos, querida, usted no tiene que ofuscarse— le dijo Tom —. Sólo vamos a llevarla a su casa. Bien, así es, pórtese bien y quédese tranquila . . .

—¡No, no! —gimió ella.

—Trata de agarrarla por el otro brazo, Mike.

—No. No iré a ninguna parte con Cristo. Pertenezco al diablo.

Ella estaba comenzando a pelear. Al fin logramos sentarla en el asiento de atrás. Tom se sentó a su derecha, y Mike en el puesto del pasajero junto a mí. Puse en marcha el motor y aceleré.

—Suéltenme —gruñó Alice —. Si no me sueltan, esperaré hasta que estemos en la carretera, y entonces me lanzaré del auto. Traten de explicar eso a la policía.

Entonces me acordé de las cerraduras a prueba de niños. Me volví, abrí la puerta de atrás por el lado donde iba Alice, saqué la cerradura y la tranqué. Cualquier cosa que ella hiciera, no podría saltar hacia afuera. Así que, arrancamos.

Mike vivía como a dos kilómetros por la calle Londres. Alice pateaba y se quejaba durante todo el trayecto. En más de una ocasión, sentí los puntapiés que lanzaba contra mi asiento. Pero, de algún modo, Tom se las arregló para sostenerla, y llegamos a la casa de Mike, donde éste se bajó.

— Estaré orando por ustedes — dijo —. Esa mujer está llena de espíritus malignos. No corran ningún riesgo con ella.

— ¿Debemos seguir? — pregunté mientras miraba alrededor nerviosamente.

— Hemos llegado hasta aquí — respondió Tom —, así que de igual modo pudiéramos proseguir. Sólo ten cuidado. Mike tiene razón. Ella está poseída, y eso significa que es probable que el diablo nos ataque.

— ¿Que nos ataque? — pregunté consternado —. Me llegaban imágenes de un dedo rojo que con su uña bestial me viraba hacia la cuneta.

— Continúa orando. Todo nos saldrá bien. Jesucristo gana la victoria sobre Satanás.

Arrancamos de nuevo. Nos abrimos paso por el norte de Londres hacia el kilómetro dieciséis. Los truenos se acercaban. Ya veíamos las primeras gotas grandes que salpicaban sobre el parabrisas. Parecía que el comienzo de la tormenta hacía que Alice se sintiera aún más agitada. Gritaba y se retorcía cada vez que había un relámpago. De repente, los campos que nos rodeaban se iluminaron como si estuvieran bajo un gigantesco reflector, y la lluvia caía a torrentes. Aminoré la velocidad y miré detenidamente por encima del volante para examinar la carretera por la cual iba avanzando. Con la constante lluvia, el parabrisas se empañanda rápidamente. Los limpiaparabrisas no hacían nada sino mover la corriente de agua de un lado al otro. Finalmente, ya desesperado, bajé el cristal de la ventanilla y me acerqué a la acera, a la cual dimos un leve golpe.

— Pongámonos de acuerdo, Tom — le dije —. ¿Vamos, o no? Si vamos mucho más allá, nos ahogaremos.

— La lluvia amainará.

— ¿No podemos sencillamente dejarla en un puesto de policía o algo por el estilo?

En ese momento, Tom no replicó. Estaba orando.

— No — dijo al fin —, Jesucristo es más fuerte que cualquier cosa que el diablo pueda tirarnos. Prosigamos.

— Satanás — siseó Alice —, ¿dónde estás tú, Satanás?

Su voz era espectral, debido a que estábamos separados del resto del mundo por el torrencial aguacero. Temblé, aunque no tenía frío.

— Alice — le dijo Tom —, escúcheme. El sólo hecho de que sus padres prometieron darla al diablo no significa que está bajo su poder. Usted puede ser liberada.

— ¡Satanás! ¡Satanás!

— Satanás la está engañando como a un niño, Alice. Usted no quiere pertenecer a él. Confíe en Jesucristo.

Oí la convulsión de Alice. Yo ya no estaba dominado por ilusiones. Ella estaba tan poseída como lo había estado yo. Sentía compasión por ella. Rápidamente se fue haciendo claro que su caso era peor que el mío. Yo había querido encontrar ayuda. Ella estaba huyendo de la ayuda.

Tom estaba tratando de sostenerla y sacarla de la alucinación.

— Alice — le dijo de manera clara y firme —, voy a orar por usted. Si puede, oiga la oración, y ore junto conmigo.

— Si usted comienza a orar, voy a gritar — dijo bruscamente Alice.

— Está bien. Entonces oraré en silencio.

Hubo un ensordecedor chillido, más fuerte que el persistente trueno. Alice estaba luchando, y gritando y llamando al diablo.

— ¿Estás bien, Tom?

— Más o menos. Sigamos la marcha. Quiero salir de esto tan pronto como sea posible.

Afortunadamente, la lluvia estaba amainando un poco. Volví hacia la carretera y aceleré a unos noventa kilómetros por hora. Pronto llegamos a la carretera e íbamos rápidamente hacia el empalme del kilómetro dos, situado al sur de San Albans. En ese momento oí la voz de Tom desde atrás.

— Nunca antes sentí el mal como en este caso, Robert. Está empeorando.

— ¿Puedes continuar? — le pregunté.

— ¿A qué distancia estamos ahora?

— Más o menos . . . — paré en seco. A la distancia podía ver a un hombre que estaba al lado de la carretera con el brazo levantado. Al principio pensé que era una persona que estaba pidiendo un empujón; pero cualquiera que hacía eso en medio de una tormenta como aquella necesitaba que se le examinara la cabeza. Aceleré para acercarnos más a él. A unos doscientos metros de distancia, comprendí que este no era un hombre común y corriente. Mi corazón comenzó a palpitar aceleradamente. Estaba cubierto con un manto blanco que brillaba con la luz de los faros delanteros. Ostentaba un símbolo oscuro en su pecho.

—¡Tom!

De súbito, Alice se libró de la mano de Tom y se abalanzó contra la puerta. Antes que él pudiera detenerla, ya tenía ella las manos sobre la manija y la estaba sacudiendo con frenesí. Alarmado, volví a mirar, pero recordé que la había cerrado firmemente.

—No te preocupes, Tom. Ella no puede escaparse.

Miré hacia atrás, para ver si estaba el hombre que tenía el manto blanco, pero había desaparecido. ¿Lo habíamos pasado? Disminuí la velocidad y miré por el retrovisor. El cristal de atrás estaba tan gris como la pantalla de un televisor que no se ha prendido. Era posible que la oscuridad se lo hubiera tragado, o que se hubiera escondido colocándose en cuclillas sobre la carretera. Pero mis instintos me decían otra cosa.

Alice estaba gritando histéricamente, golpeando las puerta con sus puños.

—¡Mátalos, Satanás! —chillaba—. ¡Mátalos! ¡Mátalos!

Tom no pudo hacer nada por mantenerla quieta. En ese momento comenzaron a fallarme los nervios. Esperaba que en cualquier momento ella me agarrara desde atrás y me estrangulara. Miré firmemente hacia adelante, y comencé a recitar el Padrenuestro repetidas veces.

Alice continuó gritando hasta que el puro agotamiento la redujo al silencio. Después de eso, ella sencillamente jadeaba. La respiración le sonaba como si estuviera en las últimas de una enfermedad respiratoria. Finalmente se derritió en lágrimas, y quedó sollozando sobre el hombro de Tom el resto del camino. Como una tormenta, la ira de los espíritus malignos que estaban dentro de ella se había calmado y la habían dejado tranquila otra vez. Pero yo no me tranquilizaba. Antes de llegar a Luton, ya había llegado a recitar unas treinta veces "porque tuyo es el reino".

Llegamos a la dirección donde Alice, entre sollozos, nos había dicho que estaba situado su hogar. Tom y yo intercambiamos miradas. Luego me bajé y le ayudé a sacarla del auto. Fuimos con ella hasta la puerta. Yo sabía lo que Tom tenía en mente.

—Usted se siente mejor, ¿no es verdad? —le dijo Tom.

Ella movió afirmativamente la cabeza.

—El diablo le está causando horribles problemas. Tuvo usted un fuerte ataque mientras veníamos.

—Sí —respondió ella, mientras se echaba el cabello para atrás, sin mirar de frente a Tom—, gracias por traerme.

Buscó torpemente la llave.

—Alice —le dijo Tom, con sentido de urgencia—, otra vez puede pensar por su propia cuenta. Sabe lo que el diablo le está haciendo; ha visto el poder de Jesús que nos protegió en el camino, en medio de la tormenta. Él puede cambiar su vida tan fácilmente como cambia las condiciones meteorológicas. Puede liberarla. Usted sólo tiene que pedir . . .

Hubo una pausa desesperante. Alice, abstraída, miraba hacia la noche. Nebulosamente recordé aquel tiempo en que yo me quedaba parado en el vestíbulo de *Pendragon*, con la mente dividida entre subir al sufrimiento de rutina en mi dormitorio, o regresar a buscar la última oportunidad de liberación. De repente, Alice colocó la llave en la cerradura y abrió.

— No, no puedo — dijo con una leve sonrisa —. Sencillamente, es imposible. En este momento, nadie puede ayudarme. ¡Hasta mañana!

Y eso fue todo.

Me acuerdo que se apoderó de nosotros una profunda tristeza. Para mí era más intensa, por cuanto a mí fácilmente hubiera podido ocurrirme lo mismo que a Alice, y hubiera rechazado la ayuda que Jesucristo me ofrecía. No podíamos hacer otra cosa que dejarla. Era claro que no quería ser persuadida, y la oración de liberación no habría tenido efecto si ella no quería ser libre. Sólo podíamos pedirle al Señor que algún día quisiera. En aquel momento, sabía bien a qué sería sometida.

Nunca volví a ver a Alice, pero cuando me mudé a la órbita de la Iglesia de San Pablo en Hainault, me encontré con muchas personas que tenían el mismo problema. Algunas eran cínicas y, con el tiempo, volvían a caer en las garras del diablo; otras salían del apuro. Pero continuaban acudiendo en busca de ayuda, como una corriente de refugiados de una zona de guerra, con su vida amargada y destrozada. Aún continuaron llegando. Esas personas constituyen evidencias vivas de las brutales actividades del diablo en la vida moderna.

La sociedad, por supuesto, toma a esos individuos como enfermos mentales o personas que han sufrido colapsos nerviosos. Eso es de esperar. Un mundo que considera que el diablo es un mito difícilmente dará crédito a historias relacionadas con brujos, encantamientos y demonios. Pero hay una paradoja: por una parte, el mundo que nos rodea condena la creencia en el diablo, por considerarla como una necedad medieval; por otra, se interesa mórbidamente en las trampas diabólicas. El reciente éxito de las películas de horror ocultista es suficiente prueba de eso. ¿Por qué esta contradicción? Estoy seguro de que la respuesta se remonta al mismo diablo. El escepticismo con respecto a lo oculto le cae muy bien. Es una perfecta cubierta bajo la cual puede promover el mal y el sufrimiento en la raza humana. Pero él nunca está fuera del alcance de los que realmente quieren hallarlo. Lo digo por experiencia personal. Esparcidas por la superficie de esta vida monótona, hay arenas movedizas, ante las cuales la mayoría de las personas están completamente ciegas.

Uno de los propósitos de este libro es sanar esa ceguera, combatir la abrumadora ignorancia moderna con respecto al diablo y su obra. Por tanto, en los últimos capítulos, quiero volver a hacer la pregunta que hace mucho tiempo le hice al señor Hartley:

—¿Quién es el diablo?

9
¿QUIÉN ES EL DIABLO?

Esta pregunta ha sido respondida en una confusa variedad de maneras. Muchos dirán categóricamente que el diablo no existe, que es una ficción. Otros que están atentos a los problemas del mundo declararán que él es la personificación del mal, un ejemplo del hábito persistente que tiene el hombre de considerar las cosas que en realidad son abstractas como sino lo fueran. Un tercer grupo admitiría que existe, pero agrega que la religión tradicional lo ha descrito de manera tergiversada. Dirían que es un ser que estimula al hombre hacia el individualismo y la realización completa de la potencialidad de sí mismo. Finalmente, hay personas como mi abuela para quienes el diablo es una criatura con patas de macho cabrío y cuernos, que maneja un tridente y tienta de noche a las damas obesas para que se coman otra rosquita con mermelada.

Ocurre que ninguna de estas respuestas es correcta. ¿Pero cómo podemos estar seguros de eso? Al fin y al cabo, sostener que un punto de vista religioso es correcto y el otro está equivocado es algo muy impopular. Tenemos que tener buenas razones si vamos a decir que el diablo realmente existe. Tampoco es muy bueno que basemos nuestro argumento en la experiencia personal. Como usted ya lo sabrá, he tenido una clara idea de lo que es el diablo: ¡lo he conocido! Pero eso de por sí no obliga a nadie a que crea mi historia. Tenemos que acudir a alguna autoridad de confianza en lo que se refiere a este asunto, que nos diga categóricamente quién es el diablo. La mejor autoridad en este tema es el libro que lo mencionó primero: la Biblia.

La Biblia es, probablemente, el libro más leído, y el más mal entendido, que el mundo haya conocido. Cuando yo era adolescente, la más reciente traducción asequible en inglés era la Versión Autorizada de 1611 (ya tenía más de trescientos años de haberse publicado). ¡No era raro que me pareciera difícil leerla! Hoy, sin embargo, hay muchas traducciones modernas. Cualquiera puede leer la Biblia en el lenguaje común y corriente.

No obstante, aún es muy difícil decidir, sólo mediante una lectura superficial, cuál es la enseñanza global de la Biblia. Hay muchas razones que explican esto. El hecho de que la Biblia no es un solo libro no constituye la menor de estas razones. Es una colección de libros escritos a lo largo de un período de unos mil años, entre 1.000 a.C. y el tiempo de Cristo, reunidos en un solo volumen. En estos sesenta y seis libros están incluidas diversas clases de escritos: historia, biografía, poesía romántica, profecías, epístolas y cuentos cortos; y eso sin mencionar los cuatro Evangelios y las deslumbrantes visiones del Apocalipsis, que parecen pertenecer a una clase especial.

La búsqueda del hilo común en todas estas

clases de literatura puede confundir. Pero un par de principios sencillos pueden ayudar mucho. Como un todo, la Biblia puede considerarse como el mensaje de Dios al hombre, dado a través de numerosos autores, para decirnos quién es Dios, su verdadero Autor. La mayor parte de lo que llamamos el Antiguo Testamento se refiere a las relaciones de Dios con el pueblo de Israel, del cual desciende el moderno pueblo judío. Dios escogió a esta nación como su representante en un mundo que se había apartado de Él. En general, ellos cumplieron este cometido de una manera más bien insatisfactoria. A medida que sus fracasos aumentan en las páginas del Antiguo Testamento, detectamos un nuevo hilo: la promesa de que algún día Dios mismo visitará la tierra y la pondrá en orden. Dios hizo esto a través de Jesucristo, quien fue al mismo tiempo el supremo judío, el supremo hombre y el supremo Dios. La vida de Jesús, y algunas epístolas escritas por sus primeros seguidores, se encuentran en la segunda parte de la Biblia —la más corta —llamada el Nuevo Testamento. Posteriormente veremos lo que significa la visita de Dios.

Se menciona el diablo varias veces en la Biblia, con más frecuencia en los últimos libros. Ningún escritor lo describe ampliamente. Se nos da esta información en una serie de vislumbres, las cuales hay que ver en conjunto, si queremos formarnos un cuadro de su carácter y obra. Es una investigación intrigante. Podemos comenzar con una observación que hizo Jesús, y que se encuentra registrada en el Evangelio según San Lucas. Él había enviado a algunos de sus seguidores, y les había dado autoridad para librar a las personas de espíritus malignos, tal como lo hicieron conmigo los ministros de Watford. Sus seguidores regresaron, evidentemente muy sorprendidos por la novedad de su experiencia. Entonces Jesús les dijo: "Yo veía a Satanás caer del cielo como un rayo" (Lucas 10:18).

¿Qué quiso decir? Una de las cosas que podemos deducir de este versículo es que Jesús no era un ser humano común y corriente. Lo que Él vio tuvo lugar en el mundo sobrenatural que está fuera del espacio y del tiempo de nuestro universo, y tenía una significación cósmica. Hallamos lo que probablemente sea otra referencia al mismo ser en el último libro de la Biblia, Apocalipsis, que está constituido por una serie de visiones dadas a un hombre llamado Juan, uno de los primeros seguidores de Jesús, quien, por causa de su fe, había sido encarcelado en la solitaria isla mediterránea de Patmos:

> Después hubo una gran batalla en el cielo: Miguel y sus ángeles luchaban contra el dragón; y luchaban el dragón y sus ángeles; pero no prevalecieron, ni se halló ya lugar para ellos en el cielo. Y fue lanzado fuera el gran dragón, la serpiente antigua, que se llama diablo y Satanás, el cual engaña al mundo entero; fue arrojado a la tierra, y sus ángeles fueron arrojados con él.
>
> Apocalipsis 12:7-9

Juan vio en esta visión a un grupo de ángeles

que peleaba contra otro. Un ángel es un ser espiritual. Dios creó muchos ángeles antes de crear la tierra y la humanidad. Estamos acostumbrados a pensar que los ángeles son niños de coro afeminados que tienen alas y aureolas. Pero esta idea, como la de los cuernos del diablo, no se halla en la Biblia ni se basa en los hechos. Como lo vemos en esta cita, tampoco es cierto que todos los ángeles son buenos. En este pasaje aparece una hueste de ángeles malos que están bajo la dirección del diablo, el cual se describe de una manera muy pintoresca como un dragón y una serpiente. Precisamente en esta batalla, la fuerza rebelde cayó "del cielo como un rayo", vencida por los ángeles fieles de Dios.

Pero Juan dice muy claramente que una vez el diablo y sus ángeles ocupaban un lugar en el cielo. No es probable que el bien y el mal se hallen tan cerca, especialmente en la presencia del mismo Dios. Así que podemos presumir que en algún distante tiempo pasado, el diablo mismo era bueno. ¿Cómo pudo haberlo creado Dios de otra manera? Eso significa que en alguna etapa ocurrió un horrible desastre, que un ángel grande y bueno se lanzó a la rebelión, y que arrastró a una parte de la fuerza angélica. En otras palabras, hubo un intento de golpe de estado en el cielo.

Sólo podemos imaginar la causa de este desastre. Sin embargo, vale la pena citar un pasaje del Antiguo Testamento, el cual muchos piensan que arroja luz sobre este problema. El pasaje fue escrito por un profeta — un mensajero especial de Dios — llamado Isaías, en el siglo siete a.C. En ese tiempo, Israel había sido dominado por un feroz enemigo extranjero, conocido con el nombre de Babilonia. Militarmente, Babilonia era una potencia invencible; pero el profeta estaba mirando hacia un tiempo posterior, cuando Dios la castigaría por su crueldad. El profeta escribió los siguientes versículos llenos de ira:

> ¡Cómo caíste del cielo,
> oh Lucero, hijo de la mañana!
> Cortado fuiste por tierra,
> tú que debilitabas a las naciones.
> Tú que decías en tu corazón:
> Subiré al cielo; en lo alto,
> junto a las estrellas de Dios,
> levantaré mi trono,
> y en el monte del testimonio me sentaré,
> a los lados del norte;
> sobre las alturas de las nubes subiré,
> y seré semejante al Altísimo.
> Mas tú derribado eres hasta el Seol,
> a los lados del abismo.
>
> Isaías 14:12-15

El significado inmediato es obvio. Isaías quiere indicar que Babilonia se ha sobrepasado, que sus reyes han pensado que son tan poderosos que pudieran desplazar al mismo Dios. Ese es un concepto falso. Con el tiempo se verá que su imperio caerá, y sus hombres poderosos descenderán al Seol, el lugar de los muertos. Tal vez eso sea lo único que se pretende que hallemos en el pasaje. Al mismo tiempo, la ambición de los babilonios, como simples hombres mortales, es vana. Algunos eruditos han sugerido que el orgullo de Babilonia es el reflejo de un orgullo mucho más grande, a saber, el orgullo del diablo. Figuradamente, los reyes de Babilonia pudieran haber tenido el objetivo de ser semejantes al Altísimo. Pero el diablo pudo haber pensado que él era realmente capaz de tal hazaña. Esta idea es por lo menos probable, y ha logrado suficiente apoyo como para que se le diera al diablo el nombre latino Lucifer.

Cualquiera que haya sido la causa de la rebelión, lo cierto es que ocurrió y que, como resultado, el diablo y sus ángeles fueron echados. Desde entonces, él ha sido un enemigo declarado de Dios, y ha intentado destruir su obra en cualquier forma que pueda. Esta es la razón por la cual se ha ganado el nombre hebreo Satanás, que sencillamente significa *adversario.* Él es el enemigo de Dios y, por cuanto el hombre es creación de Dios, también es enemigo del hombre. El hecho de que el diablo fuera echado del cielo fue un mal agüero para la tierra. La visión de Juan ya citada del libro de Apocalipsis, termina de la siguiente manera:

> Entonces oí una gran voz en el cielo, que decía: . . . Por lo cual alegraos, cielos, y los que moráis en ellos. ¡Ay de los moradores de la tierra y del mar! porque el diablo ha descendido a vosotros con gran ira, sabiendo que tiene poco tiempo.
>
> Apocalipsis 12:10,12

Se ha echado al diablo del cielo, y él está esperando que se cumpla su tiempo aquí en la tierra, hasta que finalmente sea capturado y castigado. La expresión "poco tiempo", por supuesto, debe entenderse en un sentido cósmico: la historia total del mundo es un momento fugaz en el contexto de la eternidad de Dios. La derrota final de Satanás, y los sucesos que tendrán lugar inmediatamente antes, también se encuentran registrados en las visiones del Apocalipsis, y constituyen una lectura sombría. Pero aquel tiempo está por venir. En este momento, Satanás y sus ángeles se hallan con nosotros en la tierra; para ser más exacto, en el universo; y airadamente están haciendo estragos en la creación de Dios. En un sentido muy real, el diablo controla los sucesos de la historia humana, pues Jesús lo describe como "el príncipe de este mundo" (Juan 14:30). Por tanto, no debe sorprendernos el hecho de que el mundo, desde sus principios, ha estado lleno de crueldad e infelicidad. Sabemos quién está entre bastidores y mueve muchas de las palancas importantes.

Satanás estableció su control sobre el mundo de los asuntos humanos muy al principio. La historia de esto la encontramos en los primeros capítulos de la Biblia, en el libro de Génesis. Después de crear el mundo, Dios encomendó a su creación especial, el hombre, la tarea de cuidarlo. En realidad, el nombre hebreo Adán significa *hombre*. El nombre Eva se deriva de una palabra que significa *madre*. Así que, además de ser los primeros padres de la raza humana, Adán y Eva también la representan.

Dios los colocó en un paraíso perfecto llamado Edén, donde no se conocían las penurias ni la tristeza. Pero entre los privilegios que les dio para que disfrutaran, había una sola prohibición: no debían comer del fruto del árbol que estaba en medio del huerto, el árbol de ciencia del bien y del mal, pues el hecho de comer les traería una muerte segura.

Todos sabemos lo que ocurrió. La serpiente se presentó y persuadió a Eva a comer del fruto del árbol. Después que hubo comido un mordisco, pensó que era bueno; así que también le dio a Adán. Pero notemos un par de cosas con respecto a esta historia. Una, que la serpiente fue la que tentó a Eva. No es coincidencia el hecho de que en Apocalipsis Juan se refiere a Satanás como la serpiente antigua. La serpiente que se presentó en el Edén no fue otra que el mismo diablo disfrazado. Dos, notemos cómo trató de persuadirla. Le dijo que si ella desobedecía a Dios y comía del fruto del árbol, sería como Dios. Una vez más, ¿es coincidencia el hecho de que esta misma ambición era la que estaba en el corazón de Satanás cuando se rebeló contra el Altísimo en el cielo? Probablemente no. El diablo estaba tratando de meter a la humanidad en su molde: el molde de la rebeldía contra Dios. Y lo que es más: tuvo éxito.

Al desobedecer a Dios, quien generosamente les había regalado todo aquello de lo cual disfrutaban, y sólo les había impuesto un mandamiento, Adán y Eva cayeron, como en el nebuloso pasado había caído el diablo. Fueron echados del huerto. La rebelión había echado raíces en ellos y permanecería. No hay ningún ser humano que, en esencia, no sea rebelde contra su Creador. Todos tenemos la fatal inclinación de agradarnos a nosotros mismos en vez de agradar a Dios. Por tanto, es imposible que disfrutemos de la amplia relación que Adán y Eva tenían una vez con Dios, de la cual Él quería que todos participáramos.

Este veneno que el diablo inyectó al primer hombre y a la primera mujer pronto se difundió. Leemos en Génesis, capítulo 4, que una discusión que hubo entre dos de sus hijos dio como resultado el primer homicidio del mundo. La desarmonía entre el hombre y Dios produjo naturalmente desarmonía entre los hombres. Este es el veneno que ha pasado a través de toda raza y de toda generación. Con frecuencia notamos que nuestros nervios se han endurecido ante este veneno. Estamos tan acostumbrados a ver la violencia en la televisión, que lo que sucede en el Medio Oriente y en Irlanda del Norte no nos horroriza como debiera. No obstante, el mismo veneno está funcionando en nuestra sociedad, en nuestras calles y en nuestra mente. No podemos cerrarle las puertas, pues vive dentro de nosotros. Todo pensamiento bajo y mezquino expresa la rebelión que corre por nuestras venas. Esto, que es lo peor, lo más mórbido y perverso de la naturaleza humana, es lo que caracteriza al diablo.

La palabra *rebelde* está de moda hoy, porque evoca ideas románticas de los luchadores por la libertad, como el Che Guevara. Pero el primer rebelde, Satanás, le dara tanto asco que no querrá que la cara de él aparezca en su camiseta. Todo lo maligno, vicioso, torcido y enfermizo tiene sus raíces en el diablo. Todas estas cualidades en su forma extrema son la esencia de su ser. Él es el opuesto absoluto de Dios.

Habiendo administrado el veneno, sin embargo, el diablo se retiró y está entre bastidores. En el mundo de hoy no vemos al diablo en persona, sino las evidencias de su obra. Hay una buena razón que explica esto. Parece que en la historia primitiva de la raza humana, el mundo material y el espiritual estaban combinados hasta cierto punto. Ahora están separados. Lo sobrenatural ha retrocedido hasta convertirse en algo nebuloso. Por el hecho de que pocos tienen experiencia directa de ello (especialmente en nuestra sociedad occidental), generalmente se pasa por alto. Ya no esperamos ver ángeles ni hablar con serpientes. Nuestro mundo está constituido por objetos materiales, acción humana, personalidad e historia. Algunas personas afirman que han penetrado la neblina y han hecho contacto con lo sobrenatural; pero no pueden probar su existencia, y son muy pocas las personas que les creen. Sólo tomamos en serio lo que podemos detectar con nuestros sentidos. Como lo sobrenatural generalmente no se puede experimentar de este modo, suponemos que no existe.

Esto se parece mucho a la posición a que llegué al final de las clases que me dio Hartley para la confirmación. Como no podía ver a Dios ni al diablo, llegué a la conclusión de que no existían. Sólo cambié esa manera de pensar después que investigué el espiritismo. Los espiritistas hacen un gran hincapié en demostrar lo sobrenatural, para así probar que existe. Por esa razón "las pruebas de supervivencia" juegan un papel clave en sus reuniones. Tal vez no puedan probar por la lógica que existe lo sobrenatural, pero intentan hacer viajes dentro de la neblina para encontrarlo, y de esa manera experimentarlo directamente.

Eso fue suficiente para convencerme. El mundo sobrenatural llegó a ser tan real para mí como tuvo que haber sido el polvo lunar para Armstrong, cuando por primera vez puso el pie en la luna. Lo conocí mediante experiencia personal. Pero hemos llegado a un problema decisivo. Una cosa es demostrar que existe el mundo sobrenatural, y otra completamente distinta descubrir qué clase de lugar es. Sé, por ejemplo, que existe la Antártida, pero claro que no me gustaría vivir allí. Si hace veinticuatro años yo hubiera sabido lo que era el mundo sobrenatural, no habría comenzado mi fatídico viaje hacia él.

Los espiritistas no me dieron ni una palabra de advertencia sobre los peligros que me esperaban. Es posible que no estuvieran enterados de ellos. Fue como si unos niños exploradores me instaran a dar un paseo por América Central, y me hablaran acerca de las bellezas y de los paisajes interesantes, pero se les olvidara mencionarme que allí hay conflictos guerrilleros. Esa es más o menos la condición de las cosas en el mundo sobrenatural. Los espiritistas pueden contarnos sus historias con respecto a la paz y la felicidad de las almas que han partido, al paraíso en que viven y al amor que hay entre ellas. Pero en realidad se libra una guerra.

Esta es una de las verdades que quiero comunicar al escribir este libro. El mundo sobrenatural no es un lugar seguro, sino una zona de guerra. Ha sido una zona de guerra desde la primera revuelta del diablo y su caída, como un rayo, del cielo. Y es imposible entrar al reino sobrenatural sin estar del lado de Dios o del diablo. No hay observadores imparciales de lo sobrenatural. A la larga, no hay manera de investigarlo, del modo como traté de hacerlo yo, desde un punto de vista desprendido y científico. Investigarlo es participar en él, tan cierto como uno no puede experimentar la vida sin pertenecer a una raza en particular.

El espiritismo es un ejemplo. Si uno entra en el espiritismo, sin duda se hallará reclutado, tal como me ocurrió a mí, en las fuerzas del diablo. La organización espiritista es sólo una fachada, un exterior lustrado para atraer a la víctima. No quiero decir con esto que muchos espiritistas no son sinceros en lo que creen, o que el hecho de asistir a sesiones espiritistas los convierte de inmediato en malvados o en personas de conducta desagradable. Muchos de los espiritistas que conocí eran personas decentes, comunes y corrientes. Pero estaban engañados. No sabían quién los estaba usando, ni con qué propósito.

Esto también ocurre con un gran número de religiones y prácticas. Como el espiritismo, ellas llevan al investigador a un contacto más estrecho con el diablo. Algunas son serias, otras parecen triviales; algunas son sistemas de fe completos, otras son hábitos casi inconscientes. Pero todas tienen el mismo efecto. Destacan la rebelión contra Dios y alinean a la persona que las practica con las fuerzas del diablo. En nuestro tiempo, es común hablar de países que están "alineados" con el Oeste o con algún otro bloque de naciones. Bueno, lo mismo sucede con el mundo sobrenatural. Usted está alineado con Dios o con Satanás. El hecho de manipular indebidamente lo sobrenatural sólo confirmará que usted está alineado con el diablo.

¿Qué clase de actividades producen este efecto? Muchas; más de las que puedo explicar o aun mencionar aquí. Se pueden clasificar en cuatro grupos. Cada grupo combina actividades cuyo propósito es ampliamente similar, y aunque el propósito difiera entre grupo y grupo, los cuatro convergen como carreteras que van a parar todas en el mismo lugar. Recuérdelos.

El primer grupo se acerca a lo sobrenatural *con el objeto de obtener información*. Mucho de lo que se llama espiritismo pertenece a esta categoría. El espiritismo experimentó un despertamiento en los Estados Unidos de América en el siglo diecinueve; pero en realidad, se conocía desde la antigüedad. Su nombre propio es *nigromancia*, que sencillamente significa "el llamar a los muertos". Se hace contacto con los espíritus de personas fallecidas a través de una tabla de escritura espiritista, o de un médium, y se les pide información acerca de el otro mundo o de lo futuro. Tal como yo mismo lo comprobé, se dan algunas "confirmaciones" muy convincentes. Pero ahora dudo que aquel espíritu que dijo llamarse Meg fuera realmente el de mi madre. La Biblia indica que los muertos van al Hades o al Paraíso (según haya sido la cualidad de su vida terrenal), y que estos son lugares de espera de los cuales, salvo en circunstancias muy especiales, no pueden volver. Si esto es así, podemos llegar a la conclusión de que las fuerzas espirituales que se presentan en una sesión espiritista son mucho más peligrosas de lo que suponen los espiritistas.

El espiritismo tiene millones de seguidores, particularmente en los países que están en vías de desarrollo como los de América del Sur; pero no es tan común como otras creencias de la misma clase. La *superstición* tal vez esté mucho más extendida. Son pocas las personas que, en algún tiempo de su vida, no hayan esperado tener "buena suerte" en algún viaje, o cuando hacen una apuesta. Esa es una manera de reconciliar situaciones que no pueden controlar. El jugador confiará con frecuencia en su suerte en el caso de que las posibilidades estadísticas estén fuertemente cargadas en contra de él. Afortunadamente para los lugares donde se hacen apuestas, ¡la suerte del jugador lo decepciona! Pero la superstición afecta a las personas que nunca han arriesgado su dinero en cualquier cosa que sea más peligrosa que una compañía constructora. Sus formas son casi innumerables. Todos conocemos el ejemplo del supersticioso que, mientras se dirige al trabajo un día, se deleita al ver que un gato negro se cruza en su camino. Esta es una señal de que tendrá buena suerte. Desafortunadamente, sin embargo, el gato cambia de opinión, y decide volver a cruzar el camino, con lo cual la buena suerte se torna mala. Si es un hombre precavido, decide que es mejor regresar a casa para evitar cualesquier contratiempos posteriores. Pero al entrar en la sala de su casa, abre la ventana, e inadvertidamente se le mete un gorrión. Esta es una mala noticia, porque un pájaro metido en la casa presagia la muerte de alguno de sus ocupantes. ¿Pudiera ser él el que va a morir? Con ansiedad, examina su cara en el espejo para ver si tiene algunos síntomas de enfermedad. No halla ninguno, pero con su nerviosismo golpea el espejo y éste se cae y se rompe. Se ha sacado el premio gordo. Ahora su mala suerte durará, sin remedio posible, durante siete años . . .

Es fácil burlarse de personas de esa clase. Sin embargo, sólo están tratando de asegurar su futuro. Todos sentimos que el universo es un lugar potencialmente hostil y, mientras esperamos que el futuro nos depare placer y éxito, sospechamos que habrá algunas sorpresas desagradables. Peor aún, parece que se ha decidido nuestro destino al azar. Nos sentimos felices cuando alguien escoge nuestro número para concedernos un premio, ¿pero qué ocurre cuando alguien nos selecciona para que nos quedemos sin empleo, o nos enfermemos de esclerosis múltiple?

Ante estas incertidumbres, buscamos garantía con respecto a lo que ha de venir. ¿Por qué, entonces, la creencia en la suerte debe alinearnos con el diablo? La respuesta se halla en el principio de la confianza. La Biblia declara categóricamente que el futuro está sólo en las manos de Dios. Nos dice que pongamos nuestra confianza en Él como un fiel amigo que nos guiará a través de todos los gozos y las penurias de la vida. Pero la superstición hace que eso sea imposible.

Volvamos a nuestro amigo supersticioso para ver por qué eso es imposible. Ese hombre les presta atención a ciertas señales que, según piensa, le darán información con respecto a sus perspectivas.

Si se encuentra, por ejemplo, un alfiler de seguridad abierto, se reforzará para hacer frente a alguna mala suerte. Tal vez piense que, según la naturaleza del universo, los alfileres de seguridad abiertos pueden producir este efecto; o tal vez piense que hay un dios en alguna parte que de manera imparcial reparte el bien y la mala suerte según lo que dicten las señales. En cualquier caso, ¿está confiando en el Dios del cual habla la Biblia? En el cristianismo no hay ningún concepto de suerte. El bienestar futuro, en cuanto dependa del individuo, depende de su obediencia a los mandamientos de Dios; y la seguridad no viene mediante señales insignificantes, sino mediante la confianza en el cuidado de un Creador amoroso. Tomar la superstición en serio equivale implícitamente a rechazar a Dios.

Por supuesto, sólo hay una persona que gana mediante la superstición: el diablo. Nuestro amigo no sólo hará que la vida sea desdichada para él, al esperar desastres que nunca han de suceder, sino que también estará haciéndoles el juego a los ángeles rebeldes. Éstos son capaces de influir en los sucesos de la vida de un hombre precisamente lo suficiente como persuadirlo de que la suerte realmente funciona. De ese modo hacen que él se aparte de una relación de confianza con Dios y se encamine al territorio del diablo.

Se puede decir exactamente lo mismo de otras diversas prácticas. La *astrología,* que se originó en las antiguas civilizaciones del Medio Oriente y se abrió paso en Francia durante el siglo dieciséis (cuando el rey francés tenía un astrólogo en la corte), en nuestro tiempo ha llegado a ser extremadamente popular. Afirma que el destino y el carácter de la persona están determinados por la posición de las estrellas y constelaciones en el momento de su nacimiento. La posición puede determinarse haciendo un *horóscopo*, que revelará el signo del *zodíaco* bajo el cual nació. En la actualidad muchas revistas y periódicos publican horóscopos y dan predicciones para las personas que han nacido bajo los doce signos zodiacales. Para los que están a favor de las predicciones a largo plazo, se hallan disponibles calendarios astrológicos, es decir, *almanaques*. Muchos astrólogos dirían que su práctica es científica, pero manifiestamente, eso no es cierto. No tiene más base científica que la superstición.

Varias otras actividades cumplen una función similar. La *quiromancia*, que es un entretenimiento común en las ferias, no predice lo futuro consultando las estrellas, sino examinando las líneas que existen en la palma de la mano de la persona. Las *bolas de cristal* y las *hojas de té* se usan de manera similar, y aun la escritura a mano se puede analizar para ver qué dice con respecto al carácter o a la fortuna del que escribió. Entre otras variaciones está el uso del *péndulo*, que, entre otras cosas, puede hallar objetos perdidos y determinar el sexo en los huevos. También está la *rabdomancia*, que es el uso de varillas de avellano, huesos de ballena o un alambre bifurcado para localizar agua subterránea, con la suposición de que todos los objetos emiten "radiaciones" que, si son de cierta clase, harán que se mueva la varita de zahorí.

En lo que se refiere a la guerra espiritual, todas estas prácticas son equivalentes a la superstición. Buscan información o reafirmación de una fuente que no es Dios, y así tienen un pie plantado firmemente en el campo del diablo. Por supuesto, usted puede pensar que nadie toma esas cosas en serio, especialmente las bolas de cristal y las hojas de té. Pero muchos sí las toman en serio; y otros, que no tienen creencias religiosas conscientes, son supersticiosos por hábito. Aun los escépticos tienen la duda ocasional, porque al fin no pueden estar seguros de si hay algo en ella o no. Pruébese usted mismo: ¿pudiera sencillamente reír si un adivino de la suerte le informara que dentro de tres años va a morir de cáncer?

Si usted tomara en serio tal predicción, estaría fuertemente motivado a hacer algo al respecto. Eso nos trae al segundo grupo de prácticas: aquellas mediante las cuales es posible *manipular el futuro*. La superstición, por supuesto, se presta fácilmente para este propósito. Se piensa que algunas acciones inducen la buena suerte, como las siguientes: usar un diente de tiburón; tocar madera cuando se habla de una enfermedad; poner una herradura sobre la puerta; cruzar los dedos de las manos. Otras prácticas proveen remedios para las enfermedades, algunas de ellas muy extravagantes.

Una mujer que use medias, por ejemplo, puede curarse el dolor de garganta atándose la media izquierda alrededor del cuello. Un tratamiento menos apetecible, que se usa para eliminar verrugas, consiste en frotarse la parte afectada con una babosa negra, la cual después se atraviesa con una espina del mismo color. Se dice que a medida que la babosa se seca y se consume, ¡lo mismo le pasa a la verruga!

Esta clase de remedios, especialmente aquellos en los cuales se incluyen oraciones especiales, aceite santo o agua bendita, e invocaciones a la Trinidad, son los que constituyen la llamada *magia blanca*. Los que la practican tienen el cuidado de distinguirla de la *magia negra*, que según ellos, difiere en que sus propósitos son malos y no buenos. Desde el punto de vista bíblico, la distinción es insignificante. Ambas variedades derivan su poder de una fuente que no es el Dios de los cristianos y, si en la magia blanca la naturaleza de esa fuente es algunas veces oscura, en la magia negra procede claramente de Satanás.

No nos referimos aquí a la clase de magia que realizan los prestidigitadores en la televisión, la cual es una habilidad muy diestra para crear ilusiones ópticas que generalmente son inocuas. La magia, en el sentido religioso, tiene sus raíces en antiguas civilizaciones tan diversas como la china y la persa. Como el espiritismo, la magia pasó por un fuerte despertamiento el siglo pasado. Es significativo que la parte más negra del ocultismo, la que se dedica decididamente a propósitos siniestros, es la que ha resultado tener mayor éxito. Los encantamientos o hechizos no están restringidos a los cuentos de hadas; realmente ocurren y son eficaces. En todas las Islas Británicas están formándose aquelarres, y particularmente los jóvenes son atraídos hacia ellos.

Muchos brujos son muy francos con respecto al

hecho de que están al servicio de Satanás, y no es sorprendente que toda brujería y magia se oponga fuertemente al cristianismo. Es aquí donde la guerra espiritual oculta comienza a salir a la superficie.

Otras prácticas permiten la manipulación de los acontecimientos futuros, sin apelar tan descaradamente como lo hace la magia a la ambición de poder que tenga el individuo. Muchas ofrecen sanidad, entre las cuales está el espiritismo, como lo comprobé en Amersham. Pienso que el efecto que tuvo sobre mí es suficiente para demostrar que esa clase de sanidad es menos que beneficiosa. Pero casi toda persona se enferma en algún momento de su vida, y por esa razón, la atracción hacia las prácticas que ofrecen sanidad es muy fuerte. Entre otras prácticas que se especializan en sanidad están la *Ciencia Cristiana* (de la cual se ha dicho muy apropiadamente que ni es cristiana, ni es científica), y la *Sociedad Etérea,* otro sistema que afirma que usa radiaciones espirituales. Hay que decir lo mismo de todas ellas: derivan su poder de una fuente que no es el verdadero Dios y, por tanto, aunque los milagros que realicen sean auténticos (algunas veces lo son), son puertas para entrar al reino del diablo.

Por supuesto, las puertas de los sitios donde se realizan estas funciones rara vez tienen señales que nos indiquen hacia dónde conducen. Ningún jefe militar que esté en guerra querrá que se sepa donde están ubicadas todas sus tropas, mucho menos el diablo. Pero está claro que muchas de las creencias de las cuales estamos hablando tienen visos religiosos definidos. Muchas de ellas contienen un elemento explícitamente sobrenatural que estimula al que se acerca a entrar en ellas como un devoto o como un adorador. A primera vista, esto pudiera parecer presuntuoso o, más bien, desconcertante, pero debe recordarse que algunas de estas creencias tienen la ventaja de ser (o parecer) nuevas, y que proveen una alternativa al cristianismo, el cual muchas personas, especialmente los jóvenes, piensan que está desgastado y sin brillo.

Estas llamadas "nuevas religiones" constituyen la tercera aproximación a lo sobrenatural. Muchas de las más recientes provienen del Oriente, y fueron popularizadas en el Occidente en la década de los años sesenta por grupos como los Beatles. Ejemplos son: *Meditación Trascendental, la Misión de Luz Divina, Hare Krishna, Fe Baha'i,* y la *Iglesia de la Unificación de Sun Myung Moon*. Pero estas no son de ninguna manera las primeras. La *Teosofía* y el *Mormonismo* datan del siglo diecinueve; mientras que el *Swedenborgianismo* (cierta clase de espiritismo) se remonta al siglo dieciocho, y la *Asociación Rosacruz* a la Edad Media.

Son muy diversas en sus credos y prácticas. Los *Testigos de Jehová,* por ejemplo, comparten con los cristianos un gran respeto hacia la Biblia, pero la interpretan de un modo radicalmente diferente (en realidad, tan diferente que les ha parecido necesario hacer su propia 'traducción'). La *teosofía,* que está en el otro extremo, enseña un conocimiento de sí mismo que se parece mucho al *hinduismo,* y no afirma tener raíces en la tradición cristiana. Los detalles son tantos y tan complejos que no podemos entrar en ellos aquí; pero debemos tener en cuenta algunas de las cosas que la Biblia dice acerca de ellas. Desde el punto de vista de los autores bíblicos, todas estas prácticas se pueden resumir en una sola palabra: idolatría.

La idolatría es la búsqueda de los ídolos, o falsos dioses. El juicio que se pronuncia contra ellos es enfático:

> Sacan oro de la bolsa,
> y pesan plata con balanzas,
> alquilan un platero
> para hacer un dios de ello;
> se postran y adoran.
> Se lo echan sobre los hombros, lo llevan,
> y lo colocan en su lugar; allí se está,
> y no se mueve de su sitio.
> Le gritan, y tampoco responde,
> ni libra de la tribulación.
>
> Acordaos de esto, y tened vergüenza;
> volved en vosotros, prevaricadores.
> Acordaos de las cosas pasadas
> desde los tiempos antiguos;
> porque yo soy Dios, y no hay otro Dios.
>
> Isaías 46:6-9

Este pasaje, escrito por el profeta Isaías, representa la actitud que se tomaba hacia los ídolos en la Biblia. Los ídolos y las creencias de la gente en ellos no valen nada, cuando se comparan con el único y verdadero Dios. No pueden ayudar al hombre cuando se encuentre en aflicción. ¿Cómo pudieran ayudarle, si son producto de la propia invención del hombre? Sólo hay un Dios que merece la adoración del hombre: el Dios que lo hizo. Esta actitud se mantiene en todo el Nuevo Testamento. Pero en Isaías se levanta el capó de la idolatría, y llegamos a ver el motor de estos falsos credos. El apóstol Pablo aconsejó a la iglesia primitiva con respecto a la idolatría:

> Por tanto, amados míos, huid de la idolatría. Como a sensatos os hablo; . . . los que comen de los sacrificios, ¿no son partícipes del altar? ¿Qué digo, pues? ¿Que el ídolo es algo, o que sea algo lo que se sacrifica a los ídolos? Antes digo que lo que los gentiles sacrifican, a los demonios los sacrifican, y no a Dios; y no quiero que vosotros os hagáis partícipes con los demonios.
>
> 1 Corintios 10:14,15,18-20

Estamos llegando a la cruda verdad del asunto. Los ídolos, es decir, las otras religiones, no sólo son creencias vacías y equivocadas. Eso en sí mismo sería suficientemente malo. En realidad, son trampas, agencias de reclutamiento para las fuerzas del diablo. Repito que no cuestiono la integridad de las personas que participan en ellas (aunque en muchos casos sería apropiado cuestionarlas). Sólo quiero señalar que hay muchas maneras de lograr una alineación más cercana con el diablo, aunque usted comience sin la intención consciente de hacer eso; y que ese es el camino que ofrecen las religiones que niegan la fe cristiana.

Pero hay un cuarto enfoque a lo sobrenatural, que al mismo tiempo es más directa y más mortífera. Se quita el adorno, y el investigador sabe perfectamente bien para qué entra allí. En realidad, comienza con la intención declarada de *servir al diablo*. Esta es la forma más fundamental y vulgar de idolatría. No es una búsqueda vaga y desorientada de falsos dioses, sino una disposición deliberada de buscar el mal. En el fondo, este *satanismo* es el cumplimiento de todas las esperanzas del diablo, puesto que al desear tomar el lugar de Dios, nada le agrada más que recibir la libre adoración que sólo le corresponde al Creador.

Sin embargo, es significativo que, aun en el satanismo, donde uno esperaría que el creyente esté mejor informado sobre los propósitos del diablo, casi no hay comprensión de lo que es él en realidad. Se dan muy pocas indicaciones del conflicto que existe entre Satanás y Dios. La biblia satánica describe a Dios como un ser impersonal que no tiene interés en el bienestar de la humanidad. Como tal, el satanismo se reduce a un culto a la satisfacción individual. Uno hace lo que quiere sencillamente porque lo quiere. El satanismo no pone atención a asuntos más amplios. Es muy fácil ver lo que está ocurriendo. Al satanista se le mantiene en la oscuridad con respecto al estado real de las cosas y, a través de su imaginada libertad, se le instila la naturaleza rebelde y horriblemente corrupta del mismo diablo. Al fin y al cabo, Satanás, en su forma más pura, es la satisfacción de los deseos propios.

Este elemento de engaño es común en todos los enfoques de lo sobrenatural que hemos visto. En lo que al diablo respecta, hay una supresión total de noticias sobre el mundo espiritual. A nadie se le permite saber lo que realmente está ocurriendo. Todo el sistema depende de una campaña de propaganda cuidadosamente organizada, para desacreditar la fe cristiana y jugar con la curiosidad de la gente con respecto a lo sobrenatural, sus temores con respecto a lo futuro y su natural deseo de superarse. Pero aproximarse a las fuerzas del diablo, aun de la manera más trivial, es sumamente peligroso por dos razones.

Confío en que la primera haya quedado suficientemente aclarada por la historia de mi propia vida. El reino que Satanás preside no es un jardín de deleites. Uno puede sentirse tentado a entrar en él por un deseo de poder o de riqueza, por curiosidad, por un anhelo vehemente, o por motivos respetables y humanitarios. No hay diferencia. El servicio al diablo se convierte en una esclavitud, como lo descubrirá muy pronto, tal como yo lo descubrí cuando intenté escapar. Uno se queda allí según las condiciones impuestas por el diablo, y no por las propias. Puede apegarse cariñosamente a la idea de que puede poner presión sobre las fuerzas sobrenaturales mediante ciertos encantos y oraciones; pero en realidad está tan impotente como un prisionero en un campo de trabajos forzados. Y al fin, morirá como prisionero, sin esperanza.

La segunda razón es que el acercamiento a Satanás es un acto de abierta rebelión contra Dios. Es cierto que todos hemos llegado a ser rebeldes, y estamos separados de la fuente de bondad y vida. Pero ser supersticioso, o usar un amuleto, o consultar a un médium, son actos de especial desafío.

Pensemos en esa realidad de la siguiente manera: Vivimos en un territorio ocupado; nuestro mundo ha estado dominado por una fuerza espiritual extraña y maligna. Como resultado, alguna influencia del mal se ha metido en nuestra vida y conducta, de tal modo que casi está fuera de nuestro control. Pero no tenemos que cooperar con el enemigo. Si lo queremos, estamos libres para actuar en contra de él; también estamos libres para someternos a sus órdenes. La decisión nos corresponde a nosotros. Cualquiera de los enfoques a Satanás que ya hemos descrito constituye un acto definido de sometimiento, de colaboración con la fuerza de ocupación.

Probablemente esto explique la severidad del juicio de Dios contra tales prácticas. El siguiente, por ejemplo, es un extracto de la ley que Dios dio a su pueblo especial, los israelitas, en el segundo milenio a.C. Lo que nos dice acerca de la actitud de Dios es aún valedero en nuestro día.

> No sea hallado en ti quien haga pasar a su hijo o a su hija por el fuego, ni quien practique adivinación, ni agorero, ni sortílego, ni hechicero, ni encantador, ni adivino, ni mago, ni quien consulte a los muertos. Porque es abominación para con Jehová cualquiera que hace estas cosas.
>
> Deuteronomio 18:10-12

La palabra "abominación" denota todo lo que está en absoluta contradicción a lo bueno, todo lo que es contrario a la naturaleza de Dios. Dios no quiere que los hombres — especialmente los israelitas, a quienes encomendó su obra — tengan trato alguno con el diablo. Cualquiera que lo tenía caía bajo un severo castigo. Se encomendaba el castigo a jueces escogidos, así como se juzga hoy el crimen en los tribunales. Pero la rebelión contra Dios es algo que tiene consecuencias que van más allá de este mundo. Los que se alinean con el diablo durante el transcurso de su vida, cuando haya terminado la guerra espiritual, sufrirán el mismo castigo del diablo: la eterna separación de Dios. Y eso significa, no la mezcla del bien y el mal de que está formada nuestra vida terrenal, sino una existencia regida y rodeada sólo por el mal.

Eso es lo que significa el rechazo de la bondad de Dios llevada a su lógica conclusión.

Pero ese juicio, el arreglo final de cuentas, ocurrirá precisamente al fin de la historia. Es el golpe de gracia mediante el cual Dios ha de destruir la obra del diablo en esta tierra a fin de comenzar una era mundial de paz. Para entonces habrá terminado la guerra espiritual. Pero eso deja sin contar una gran parte de la historia. ¿Cómo está recuperando Dios el mundo del que Satanás se apoderó en el pasado? La respuesta a esa pregunta es sumamente significativa para todos nosotros, y es eso lo que vamos a examinar en el último capítulo.

10

EL DIABLO Y USTED

Hemos visto que toda la raza humana, en la cual estamos incluidos usted y yo, se ha rebelado contra Dios y ha decidido complacerse a sí misma. Irónicamente, por este deseo de complacernos primero, el diablo nos domina y nos hace simpatizantes secretos de su causa, aunque no sepamos nada con respecto a la guerra que se libra en el mundo sobrenatural. Cuando yo era adolescente, nunca entendí eso. Sólo cuando fui a Watford llegué a comprender la conexión que había entre mi conducta y lo que la Biblia llamaba "pecado".

Parece que el pecado ha pasado a través de las generaciones, y surge en la conducta de todo ser humano tan naturalmente como el deseo de comer. En realidad, parece muy natural que seamos tentados a considerarlo como parte del carácter humano y digamos: *Sencillamente así es la gente.* Bueno, por supuesto; pero no se tuvo la intención de que fuera así. Este punto lo comprendemos de una manera suficientemente fácil cuando los pecados que comete la gente son vergonzosamente feos. Casi todos desaprobamos el robo, la violación y el homicidio; y consideramos que cualquiera que no lo desapruebe tiene una personalidad pervertida.

Sin embargo, el pecado está presente en muchas de las acciones de la vida diaria que consideramos normales. Si usted no me lo cree, tome unos diez minutos y reflexione acerca de su propia manera de vivir. Si está a la altura de la tarea, llegará a algunas conclusiones sorprendentes. Piense en su relación con las personas que lo rodean en el hogar, en la escuela, en la universidad, en el trabajo. ¿Nunca les causa usted ninguna ofensa? ¿Se puede confiar en que usted cumplirá su palabra y pagará sus deudas? ¿Y qué se puede decir de su cuenta de gastos? ¿Cuánto de ella realmente le corresponde pagar a su empresa? ¿Es usted orgulloso? ¿Le gusta que la gente piense bien de usted, cuando no lo merece? ¿Cómo evalúa usted a los demás? ¿Halla placer en chismear de ellos y criticarlos? ¿Puede usted decir sinceramente que no envidia el sueldo, ni el éxito, ni el buen parecer de ninguna otra persona? Tal vez usted piense que es superior al promedio de los demás. Si así es, ¿aprovecha usted de las otras personas porque ellas dieron la oportunidad, o porque la vida de negocios es así? ¿Y qué haría usted para ganar favores sexuales de alguna persona? ¿Cómo se relaciona con los menos favorecidos: los ancianos, los desempleados, los lentos, los débiles, los inválidos? ¿Trata de ayudarles, o hace chistes con respecto a ellos, o los evade, o trata de no pensar en ellos?

Estas son sólo algunas de las preguntas difíciles que podemos hacernos. Hay muchas más. Al pensar usted acerca de ellas, probablemente llegará a la conclusión de que no siempre hace lo que sabe que debe hacer. Esto es cierto en el caso mío y, como me ocurre a mí, me imagino que a usted le resultará difícil admitir que está equivocado. Si lo admite, probablemente querrá justificarse. "Sé que no debiera hacer eso — dirá —, pero . . . "

Ahora bien, las excusas pueden ser genuinas, ¡pero eso es raro! Examine más de cerca algunos de sus "peros".

"Todos los demás lo hacen." Sí, ¿pero significa eso que usted debe hacerlo? Supongamos que todos los demás se cubren la cara con una media y roban a las ancianas a punta de revolver. ¿Seguiría usted el ejemplo? Al fin y al cabo, lo malo es malo.

"Sí, está bien. Pero hay una diferencia entre las maldades grandes y las pequeñas. Nadie se ofende por las pequeñas." ¿Nadie? Apuesto que usted sería el primero en quejarse si alguno le hiciera una mala jugada. Las maldades pequeñas se ven grandes cuando usted es la víctima. ¿Por qué no deja usted de hacérselas a otros?

"Está bien, de acuerdo. Pero sea razonable. Ya estoy haciendo lo mejor que puedo." ¿Es verdad?

El problema con las excusas es que las inventamos muy fácilmente. Hay muchas cosas desagradables dentro de nosotros que preferimos mantener escondidas, y las excusas constituyen una manera conveniente de encubrirlas. Despojados de nuestras excusas, tenemos que admitir que somos criaturas muy egoístas. Algunos argumentarán que eso no importa: la evolución nos ha hecho de ese modo, y es muy poco lo que el mundo ha empeorado por ese motivo. ¿Pero es eso cierto en realidad? A pesar de lo que nos dice la televisión, el mundo es un lugar infeliz para la mayoría de sus habitantes, y la putrefacción está en cada uno de nosotros. La indiferencia hacia el bienestar de los demás, la cual condenamos en los dictadores y criminales, sólo es una versión inflada de la indiferencia que expresamos nosotros. Los problemas del mundo no comienzan con el gobierno, ni con el sistema, ni con "ellos"; comienzan con usted y conmigo. Si todos obedeciéramos los mandamientos que Dios nos dio, de amarlo a Él y amar a los que nos rodean, aún viviríamos en el paraíso. ¡Pero ninguno de nosotros hace eso! Pasamos por la vida haciendo frente a la desconfianza, la sospecha, la explotación, el resentimiento y el dolor. La humanidad siempre ha sido así. Por esa razón el diablo ha logrado sus propósitos casi por completo.

Casi.

Dios ha montado una misión de rescate, o más precisamente, un contraataque contra el diablo. Un resultado menor de esta estrategia es que la Biblia está dividida en dos partes: el Antiguo Testamento y el Nuevo. El Antiguo Testamento mira hacia adelante, hacia el rescate; el Nuevo Testamento examina sus primeras etapas. En la época del Antiguo Testamento, se hizo cada vez más claro que el hombre no podía librar su propia batalla contra Satanás. Por tanto, muchos de los profetas — mensajeros especiales de Dios — comenzaron a mirar hacia adelante, hacia el tiempo en que Dios enviaría al Mesías para que salvara a la raza humana. Hay numerosas profecías con respecto al lugar donde nacería, qué clase de persona sería, y lo que haría. Isaías escribió una de estas profecías. Él imagina estas palabras pronunciadas por el Mesías que habría de venir:

> El Espíritu de Jehová el Señor está sobre mí, porque me ungió Jehová; me ha enviado a predicar buenas nuevas a los abatidos, a vendar a los quebrantados de corazón, a publicar libertad a los cautivos, y a los presos apertura de la cárcel; a proclamar el año de la buena voluntad de Jehová, y el día de venganza del Dios nuestro.
>
> Isaías 61:1-2

El Mesías que habría de venir, por supuesto, era Jesús. En realidad, Jesús anunció su llegada como Hijo de Dios leyendo estas mismas palabra del Antiguo Testamento. Jesús cumplió en todo aspecto las predicciones que los profetas habían hecho con respecto a Él. En particular, descendió del linaje de David, el gran rey israelita, cuyo reinado los judíos habían considerado como la edad de oro. Pero Jesús fue mucho más que un buen hombre: era Dios en forma humana. Este es un misterio de tal naturaleza que un centenar de libros no podrían explicarlo suficientemente. Así que no intentaré explicarlo. Lo mejor que puedo hacer es resumirlo al decir que Jesús era cien por ciento hombre y cien por ciento Dios. En los Evangelios se usan los títulos "Hijo de Dios" e "Hijo del Hombre" para describirlo. Eso significa que tenemos razón cuando decimos que Jesús fue el hombre más perfecto (en realidad, el único hombre perfecto) que jamás haya vivido, y al mismo tiempo, el Dios Creador, que se despojó de su legítima gloria y, en un cuerpo humano común y corriente, bajó al mundo que había hecho.

Nació aproximadamente en el año 4 a.C., en Belén, un pequeño pueblo situado a unos diez kilómetros al sur de la ciudad capital de Israel, Jerusalén. Aquel fue un tiempo difícil. Israel estaba gobernado por un rey anciano y neurótico, Herodes el Grande, que era un títere de Roma. Los rumores de que el Mesías había nacido cerca de Jerusalén lo hicieron temer que estaba a punto de ser derrocado; por tanto, ordenó, locamente, que todos los bebés varones de Belén fueran asesinados. La familia de Jesús, al recibir una advertencia en un sueño sobre las intenciones que tenía Herodes, escapó milagrosamente huyendo a Egipto. Allí estuvieron hasta que murió Herodes, y luego no regresaron a Belén, sino a otro pueblo, situado a unos ciento diez kilómetros al norte, llamado Nazaret.

Jesús creció en un hogar tranquilo y apacible. Se supone que haya aprendido el oficio de carpintero, que era el de su padre. Uno de los pocos detalles que sobreviven de este período indica que aun en su niñez, Él fue extraordinariamente sabio. Pero en los Evangelios se dice poco acerca de Él hasta que llegó a la madurez, la cual en ese tiempo se consideraba que comenzaba a los treinta años de edad. Fue entonces que salió de su hogar para viajar por el país como predicador, y comenzó su trabajo real como Hijo de Dios.

En el mismo comienzo de este período se produjo su confrontación con el diablo, acerca de la cual me enseñó Hartley. Para Jesús, estos cuarenta días que pasó sin comer en el desierto constituyeron una prueba importante. Si se hubiera dejado vencer entonces, toda su obra en la tierra habría sido inútil. Naturalmente, el diablo, sospechoso pero incierto de las intenciones que tenía Jesús, hizo todo lo posible para quebrantarlo. Usó el método de la tentación para que Jesús abandonara su difícil misión y se dedicara a buscar sencillamente la gloria política. La última de las tres tentaciones es especialmente significativa:

> Otra vez le llevó el diablo a un monte muy alto, y le mostró todos los reinos del mundo y la gloria de ellos, y le dijo: Todo esto te daré, si postrado me adorares.
>
> Mateo 4:8-9

Notemos, sobre todo, que el diablo estaba en condiciones de dar estos reinos. Él era el indiscutible gobernante del mundo sobrenatural que estaba en la tierra, y si hubiera querido, habría podido intervenir en los sucesos históricos — el transcurso del mundo material —, e instalar a Jesús como rey de los israelitas, y aun sobre el poderoso imperio romano. ¡Pero notemos también el precio que está exigiendo! Quería que Jesús, el Hijo de Dios, se postrara y lo adorara; exigía que el Creador del universo le rindiera homenaje a su creación. Precisamente por esta ambición se le había echado del cielo, y en ese momento estaba tratando de volver a conseguir lo que perdió. Jesús le dio una respuesta lacónica: "Al Señor tu Dios adorarás, y a él sólo servirás" (Mateo 4:10).

Ese fue el momento decisivo. Jesús, debilitado hasta el agotamiento por causa de esta prueba en el desierto, se negó a rendirse. Así afirmó su autoridad sobre el diablo, y éste se vio obligado a retroceder. Se había establecido, pues, una cabeza de puente. Jesús podía continuar su obra de predicar el evangelio, es decir, la buena noticia de que la humanidad iba a ser liberada, sin ningún obstáculo restante.

Los siguientes tres años del ministerio de Cristo se registran con cierto detalle en los cuatro Evangelios. Jesús reunió en torno a sí un pequeño grupo de seguidores, los cuales iban a escribir posteriormente gran parte del Nuevo Testamento, y se dedicó a instruirlos. La fuerza propulsora de esta enseñanza se relacionaba con "el reino de Dios": el establecimiento del reino de Dios en la tierra, el cual había comenzado con la venida del mismo Jesús, y que al fin dominaría todos los poderes de las tinieblas y restauraría a la humanidad a su estado original. Estas palabras estaban respaldadas por la acción. Dondequiera que Él iba, realizaba sanidades, como señal de lo que Dios estaba haciendo para el mundo. Los ciegos, los sordos, los paralíticos, los enajenados mentales: los sanaba a todos. Incluso resucitó muertos. En una ocasión levantó a un hombre que había estado pudriéndose durante cuatro días. Como resultado, la población en tropel acudió a oírlo, y con esto incurrió en una severa desaprobación de las autoridades religiosas. A medida que pasaba el tiempo, y Jesús progresivamente llegaba a ser más popular, aumentaba la tensión. Él vivió en un país que estaba ocupado militarmente, y muchos de los judíos más radicales lo instaban a declarar la revolución y libertar a Israel del dominio de Roma. Esto les produjo a los líderes judíos, quienes se sentían muy cómodos bajo el gobierno romano, una considerable ansiedad. En realidad, Jesús no había dicho que iba a comenzar un revuelta, ¿pero cuál era su propósito? Y si entre sus seguidores estallaba una revuelta, ¿podría Él restringirla, si quisiera?

Mientras se extendían por el país los comentarios acerca de este increíble profeta, llegó el tiempo para la celebración de la fiesta judía más importante del año: la pascua. En ella los judíos recordaban su liberación de la esclavitud de Egipto, que había ocurrido unos mil años antes. ¿Se iba a repetir la historia? El pueblo se reunió en Jerusalén para esperar la llegada de Jesús. El rey de los judíos (otro Herodes) estaba allí, como también Poncio Pilato, el procurador romano, quien había llevado consigo suficientes soldados para aplacar cualquier signo de intranquilidad. Parecía que el escenario estaba listo para cualquier clase de confrontación.

Jesús entró en la ciudad una semana antes de la pascua. Lo recibió una multitud grande y alegre, a través de la cual se abrió paso hacia el templo. Allí enérgicamente sacó a todos los comerciantes que se estaban ganando la vida de una manera dudosa, cambiando monedas y vendiendo animales para el sacrificio. Jesús dijo que el templo era la casa de Dios y un lugar de oración, no una cueva de ladrones. Esto le presentó un desafío directo al sumo sacerdote, quien durante años había permitido el comercio en el templo. En realidad, al hacer esto,

Jesús estaba proclamando por primera vez la autoridad del Mesías.

Para las autoridades religiosas, esta proclamación no era menos que blasfemia. Así que renovaron sus esfuerzos para arrestarlo. Pero la popularidad de Jesús obraba contra ellos. Arrestarlo en público sería la manera más rápida de comenzar un tumulto, y eso trastornaría el precario favor que ellos tenían de Roma. En vez de ello, dejaron en suspenso el asunto y esperaron la oportunidad para atraparlo.

La semana continuó. Jesús iba todos los días al atrio del templo y hablaba a la masa de peregrinos y habitantes de la ciudad. Los dejaba atónitos. Ninguna de las maniobras usadas por los líderes religiosos pudo sorprenderlo. Cuando trataron de arrinconarlo con el asunto de la ocupación romana (con la esperanza de obligarlo a decir algo que tuviera visos de traición), Él hábilmente cambió el asunto para enfrentarse con la hipocresía de ellos. Fueron devastadoras las críticas que hizo al sistema religioso existente. Incluso llegó a predecir que la corrupción de ese sistema y la incredulidad darían como resultado la destrucción de Jerusalén y el esparcimiento de la raza judía, lo cual ocurrió unos cuarenta años después, cuando los romanos sitiaron y arrasaron la ciudad. Mientras oían todo esto, las autoridades tuvieron que quedarse sentadas; no se atrevían a correr el riesgo de despertar la ira de las multitudes. Parecía que Jesús iba a salir de la ciudad sano y salvo.

Pero luego, las cosas comenzaron a empeorar. A medida que se acercaba la pascua, uno de los más cercanos seguidores de Jesús, llamado Judas Iscariote, se desilusionó con la línea de conducta que Jesús estaba siguiendo, y decidió traicionarlo ante las autoridades. No se sabe con claridad por qué tomó esa decisión. Al parecer, pensaba que Jesús no estaba haciendo suficientes esfuerzos para ayudar a los pobres. Sin embargo, su sinceridad en este particular es cuestionable, puesto que, según nos dicen los Evangelios, él era el que tenía el dinero del grupo, y a menudo robaba de él. De cualquier modo, Satanás encontró la oportunidad en la confusión que había en la mente de Judas. Según lo que leemos en el Evangelio según San Lucas 22:3-4, él entro en Judas Iscariote, el cual fue a los principales sacerdotes, quienes le ofrecieron treinta piezas de plata para que les dijera donde podrían encontrar a Jesús solo y sin protección.

No se demoró la oportunidad. La noche de la pascua, Jesús cenó con sus más cercanos seguidores. Luego se retiró con ellos al huerto de Getsemaní para orar. De repente apareció Judas a la cabeza de una turba armada. Identificó a Jesús dándole un beso — un gesto irónico de buena voluntad — y de inmediato la turba agarró a su víctima, y lo llevaron a la casa del sumo sacerdote, Caifás. Allí, una asamblea de líderes religiosos lo condenó rápidamente a muerte. Pero la pena que impusieron no podía ejecutarse sin la aprobación de Roma; así que, cuando amaneció, fueron marchando al pretorio. Poncio Pilato no estuvo dispuesto a arreglar la disputa y, tan pronto como oyó que Jesús era de Galilea, lo envió a Herodes, quien era responsable de esa parte de los territorios judíos. Herodes, sin embargo, lo devolvió, y Pilato se vio obligado a decidir el caso. Parece que Pilato consideró que Jesús era inocente. Propuso entonces la componenda de azotarlo y dejarlo en libertad. Pero ya se había reunido una gran multitud, nutrida de los que apoyaban al sumo sacerdote, de la cual salió el grito de que Jesús se había declarado rey y, por tanto, era enemigo de Roma. Si hubiera habido una pizca de verdad en eso, Pilato se habría rendido ante la evidencia. Casi con toda seguridad, él pudo comprender por completo el engaño de la acusación. Pero la posición de él ante Roma de ninguna manera era segura. Así que en vez de arriesgarse a que lo destituyeran, permitió que Jesús — un hombre de quien él había confesado que era inocente de todos los cargos — muriera como un criminal común.

El método de ajusticiamiento fue la crucifixión. Obligaron a Jesús a salir de la ciudad cargando su propia cruz hacia una colina llamada Gólgota. Allí lo desnudaron y clavaron sus manos y sus pies a la ruda cruz. Este era el medio de ejecución para todos los criminales que no eran ciudadanos romanos. Estuvo colgado en este patíbulo romano, y fue escarnecido por sus enemigos, hasta aproximadamente las tres de la tarde, cuando murió. No hubo duda de que murió. Para asegurarse de ello, uno de los soldados romanos que estaba allí de guardia le clavó una lanza en el costado, y la sangre que fluyó estaba separada. Más tarde ese mismo día, algunos de sus seguidores acudieron a bajarlo, lo envolvieron en una sábana, y lo colocaron en una tumba. Luego rodaron una piedra pesada y la colocaron contra la entrada del sepulcro. Habían asesinado al Hijo de Dios.

Por esa razón el espíritu guía trataba de decir que Jesucristo sólo era un cuerpo muerto, que el diablo lo había derrotado. Sin duda, al diablo tuvo que haberle parecido que el momento de la muerte de Cristo había sido un momento de victoria suprema. Pero le duró muy poco. Si él hubiera puesto más atención a los sucesos que precedieron a la crucifixión, habría sabido por qué.

La muerte no fue una sorpresa para Jesús. Meses antes de su muerte, Él les había estado diciendo a sus seguidores que iba a ser traicionado, entregado a los romanos, y crucificado. Tenía el propósito deliberado de ir a Jerusalén. Pero, por supuesto, nadie le creía. Todos pensaban que sus palabras tenían alguna significación mística y que, en realidad, Jesús iba a derribar a los romanos y establecer su reino en un sentido inmediato y político. Aunque la noche de la pascua Jesús identificó a Judas como su traidor, y le dijo que saliera e hiciera lo que tenía que hacer, los otros seguidores pensaron que Jesús estaba enviando a Judas a comprar más alimentos. El hecho de que Jesús estuviera dispuesto a entregarse a la muerte, cuando se le presentaban tan tremendas oportunidades, era para ellos algo sencillamente absurdo, que no aceptarían.

La ejecución de Jesucristo fue una acción en la guerra espiritual, que se presentó como algo completamente inesperado, y sigue siendo una de las principales paradojas del cristianismo. Dios escogió la derrota como un medio para lograr la victoria. Permitió que su Hijo Jesucristo fuera muerto en batalla, pues ese movimiento garantizaría el éxito completo. Esto equivale a contradecir cualquier teoría sensata sobre la guerra. Ningún estratega militar, mucho menos el diablo, esperaría que su enemigo cayera impotente a sus pies, como medio para ganar la guerra. En términos humanos, eso sería sólo suicidio. Pero la mente de Dios funciona en un nivel muy por encima de los seres humanos. A eso se refirió el apóstol Pablo cuando escribió a la iglesia de Corinto algunos años después: "... la [sabiduría] que ninguno de los príncipes de este siglo conoció; porque si la hubieran conocido, nunca habrían crucificado al Señor de gloria" (1 Corintios 2:8). La frase "los príncipes de este siglo" pudiera referirse igualmente a las autoridades romanas y judías, o al diablo, quien, como sabemos, es el soberano que sostiene el poder terrenal. El diablo no habría crucificado a Jesucristo si hubiera sabido que ese mismo triunfo sería su ruina.

¿Pero en qué sentido fue la muerte de Jesucristo un éxito? La respuesta es que Él murió en lugar de nosotros. Ya dijimos que toda la raza humana se ha rebelado y está bajo el juicio de Dios. Cada uno de nosotros es culpable. Pero la muerte de Jesús nos libró de la culpa. Si usted se imagina que está en un tribunal corriente en el cual se le sigue un juicio, eso puede ayudarle a entender esta verdad.

Imagínese que lo han llevado a juicio, y que se halla en el banquillo de los acusados. La sala del tribunal está silenciosa y más bien tenebrosa. El fiscal ha presentado el caso por completo, y el jurado, por votación unánime, ha decidido que usted es culpable. No hay duda al respecto. Usted no gana nada si apela. Lo único que falta es que el juez dicte la sentencia. El anciano juez se aclara la garganta y, dirigiéndose a usted por nombre, enumera los crímenes de los cuales usted es culpable. Este acto se prolonga largo tiempo. Cuando termina, todos los abogados se sientan cabizbajos. Al fin, el juez comienza a resumir:

"Ha oído los cargos que se presentaron contra usted. Ninguno de los que estamos en esta sala duda de que usted es culpable de cada uno de ellos. Siento que usted no consideró conveniente usar su libertad de una manera más sabia. Así que me corresponde el desagradable pero inevitable deber — se inclina hacia adelante y le encadena sus manos — de condenarlo a muerte."

Súbitamente, le parece que eso es muy importante para usted. El resto de la sala está inmóvil y en silencio. Usted se pregunta si debiera estar diciendo algo. Luego siente que el policía que lo llevó allí lo agarra por los brazos.

En ese momento, el juez se pone de pie. "¡Esperen!" exclama. Usted levanta la mirada y ve que él se está quitando la toga y la corbata. El cambio es asombroso. De repente, tiene una apariencia como la suya; es un ser humano común y corriente. Usted lo ve bajar del estrado, cruzar la sala del tribunal y unirse a usted en el banquillo de los acusados. Coloca las manos sobre las del policía para indicarle que las debe quitar de sobre usted. Así lo hace. Ahora usted está confundido y se pregunta si este procedimiento es normal, y qué significa todo eso. Él lo mira a usted directamente y le dice. "Le voy a dar una segunda oportunidad. Sus crímenes merecen la pena de muerte, y la justicia demanda que se pague la pena. Sin embargo, si usted quiere, tomaré su lugar, e iré a la horca por usted. Hago esta oferta con entera libertad. Si acepta, saldrá libre de este tribunal. A usted le corresponde la decisión."

¿Qué haría usted? O mejor, ¿qué hará? Porque lo que he tratado de describir en esta escena es exactamente lo que Jesús ha hecho por usted y por mí mediante su muerte en la cruz. Si aceptamos su oferta, sobre Él cae la pena por nuestra rebelión, todos nuestros pecados. Él muere en nuestro lugar. En ese caso, todo lo que el diablo ha buscado lograr en su vida queda destruido. Desde ese momento en adelante, usted queda libre. El escritor de un libro del Nuevo Testamento explica eso de la siguiente manera.

> Él también participó de lo mismo, para destruir por medio de la muerte al que tenía el imperio de la muerte, esto es, al diablo, y librar a todos los que por el temor de la muerte estaban durante toda la vida sujetos a servidumbre.
>
> Hebreos 2:14-15

Pero eso no es todo. El juez de mi historia, al morir se habría quedado muerto. No sucedió así con Jesús. Cuando algunas mujeres acudieron a embalsamar su cuerpo tres días después de la crucifixión, hallaron que la gran piedra en la entrada de la tumba estaba a un lado, y la sábana estaba exactamente donde el cuerpo había sido colocado, pero no tenía nada adentro. Jesús se había ido.

Su ausencia de la tumba, por supuesto, no es prueba de que había resucitado. Los eruditos que han examinado este problema, basados en la suposición de que la resurrección es imposible —en otras palabras, los que piensan que la idea de la resurrección es simplemente ridícula—, han inventado algunas teorías ingeniosas para explicar el hecho de la tumba vacía. Algunos sugieren que Jesús, al fin y al cabo, no murió en realidad, y que apenas se recuperó de un desvanecimiento, escapó de la tumba. Otros piensan que es más probable que alguna persona haya robado su cuerpo. Varios escritores han sopesado las evidencias que apoyan cada una de estas teorías mucho más ampliamente que lo que yo puedo hacer aquí. Pero tenemos que reconocer que, si nos atenemos a los hechos, ninguna de ellas es muy probable. Un hombre medio muerto difícilmente hubiera tenido suficiente fuerza para empujar la inmensa piedra que estaba en la entrada del sepulcro. ¿Y quién hubiera ganado algo al robar el cuerpo? Sus seguidores, tal vez. Pero algo muy extraño debían de tener ellos en su mente si, después de falsificar la resurrección, salieron hasta los confines del mundo entonces conocido a predicarla, y no quisieron negar esa fe, aun bajo pena de muerte.

Pero también tenemos que tener en cuenta otra clase de evidencias. Jesús no sólo desapareció de la tumba, sino que también apareció vivo y sano a un gran número de sus seguidores. Les habló, comió con ellos y los invitó a tocar su cuerpo resucitado. Hay algo reconfortantemente auténtico en uno de los seguidores de Jesús, llamado Tomás, quien se negó a creer los informes con respecto a la resurrección de Jesús hasta poner su dedo en las heridas dejadas por los clavos. Cuando, ocho días después, se le dio esta oportunidad, ¡la rechazó!

Si sólo algunos de sus seguidores hubieran visto sólo una vez a Jesús, podría descartarse la resurrección y decir que fue una alucinación. Pero leamos el siguiente extracto de la Primera Epístola de Pablo a los Corintios:

> Porque primeramente os he enseñado lo que asimismo recibí: Que Cristo murió por nuestros pecados, conforme a las Escrituras; y que fue sepultado, y que resucitó al tercer día, conforme a las Escrituras; y que apareció a Cefas, y después a los doce. Después apareció a más de quinientos hermanos a la vez, de los cuales muchos viven aún, y otros ya duermen. Después apareció a Jacobo; después a todos los apóstoles; y al último de todos, como a un abortivo, me apareció a mí.
>
> 1 Corintios 15:3-8

Pablo escribió esta epístola no más de veinticinco años después de la muerte de Cristo. Si usted hubiera sido miembro de la iglesia de Corinto, habría podido visitar a algunos de los quinientos o más hermanos, o seguidores de Jesús, para verificar la afirmación de Pablo. Muchos de ellos hubieran visto a Jesús después de su muerte y hubieran podido hablar y hasta comer con Él en más de una ocasión. Algunos de ellos hubieran visto el regreso de Jesús al Padre en el cielo. Todos estuvieron, por lo menos, tan convencidos de la resurrección que fueron por todo el mundo a convencer a otros y aun a sufrir la muerte por lo que creían. ¿Realmente estaban imaginando todo eso? ¿Estaban fundando una religión que, en realidad, sabían que era completamente falsa?

Es extremadamente difícil despreciar las evidencias de la resurrección, por más que procuremos hacerlo. ¿Podría ser que Cristo realmente resucitó? En una era tan materialista y segura de sí misma como la nuestra, la gente puede replicar por instinto que la resurrección es imposible. Es una enseñanza que parece ir contra la ciencia y contra nuestra obstinada negación a creer cualquier cosa que no pueda probarse. Sin embargo, la ciencia no pretende decirnos nada con respecto a las cosas que no son susceptibles de prueba; y tenemos que aceptar que en el mundo hay muchas cosas que no pueden probarse en el sentido científico. La ciencia no puede decir si usted ama a alguna persona, ni si Julio César invadió a Bretaña. Esa clase de verdades nos vienen por caminos completamente diferentes. La invasión romana es una verdad histórica; al igual que en el caso de la resurrección de Cristo, tenemos conocimientos de ella porque alguien que vivió en ese tiempo se tomó la molestia de escribir sobre ese suceso. Del grado de fe que tengamos en la fuente depende si hemos de creerlo o no. Podemos preguntarnos si el historiador en cuestión fue en realidad testigo de los hechos, o tomó el testimonio de otras personas. Si ocurrió esto, ¿eran esas fuentes confiables? Sobre este particular, tenemos que reconocer que la resurrección se nos presenta mucho mejor que muchas cosas que consideramos como historia establecida.

Por otra parte, cuando le decimos a una persona: "Te amo", estamos comunicando una verdad personal. Nuestro amor no requiere prueba, pues lo demostramos a través de nuestras actitudes o acciones. Usted se sentiría de lo más irritado si, con un ramo de flores en la mano le declara su amor a una persona, y luego ésta le entregara un bloque de papel y una calculadora de bolsillo para que pruebe que la ama. Aunque usted tratara de hacerlo, no podría. El amor no se puede probar por el método científico.

Pero ambas clases de verdades son pertinentes para el cristianismo. Ya hemos mencionado las evidencias históricas de la resurrección. No hemos probado que ocurrió, pero hemos provisto la clase de evidencias que, en un tribunal de justicia, pudiera considerarse adecuada para condenar, o para absolver, a un criminal. Por así decirlo, les hemos hecho a los testigos un interrogatorio riguroso.

Pero el asunto no termina aquí. La resurrección no es sencillamente un hecho notable que debe registrarse en los anales de la historia. Tiene consecuencias importantísimas. Es tan importante para la raza humana como lo fueron para la Francia ocupada las noticias acerca del día del desembarco de las fuerzas aliadas durante la Segunda Guerra Mundial. La resurrección es la esperanza de libertad, el comienzo de una nueva ofensiva revolucionaria en la guerra espiritual. Ninguno de los habitantes de la Francia ocupada tomó las noticias con respecto a la llegada de las tropas aliadas como un hecho neutral. Todos se dedicaron de todo corazón a respaldar la invasión.

Del mismo modo, la resurrección de Cristo demanda de nosotros una respuesta personal. O respaldamos lo que Dios está haciendo en el mundo, o permanecemos indiferentes, y así lo obstaculizamos. Pero hay algo más en este asunto, por cuanto en la guerra espiritual, dedicarse a Dios es comenzar una relación personal con Él. Increíblemente, nosotros, personas minúsculas, tenemos el privilegio de conocer al Creador. Se nos presenta a nuestro Comandante en Jefe — permítaseme esta analogía — y se espera que nos mantengamos en estrecha relación con Él. Y Él nos provee todo el apoyo que necesitamos para pelear con eficacia.

¿Qué significa eso en la práctica? Otra vez Pablo nos da la respuesta. Dijo lo siguiente a la iglesia de Roma, al escribirle sobre la muerte y la resurrección de Cristo:

> ¿O no sabéis que todos los que hemos sido bautizados en Cristo Jesús, hemos sido bautizados en su muerte? Porque somos sepultados juntamente con él para muerte por el bautismo, a fin de que como Cristo resucitó de los muertos por la gloria del Padre, así también nosotros andemos en vida nueva.
>
> Romanos 6:3-4

El razonamiento es complejo. Lo que nos dice es

que cuando una persona llega a ser cristiana y se bautiza —es decir, de una manera simbólica está limpia de su rebelión contra Dios—, realmente está sometida a cierta clase de muerte. En lo que se refiere a su vida antigua, está muerta, ha terminado. Esa parte de su naturaleza ha sido, en efecto, enterrada con Cristo. Pero así como Cristo resucitó, el cristiano recibe una vida completamente nueva, una vida interna, de la cual la muerte física no es el fin, sino sólo la puerta para pasar a una presencia más cercana con Dios. Espiritualmente, esa persona ha nacido de nuevo.

En cierto sentido, este renacimiento es una transformación total, tan absoluta como la transformación de una oruga en mariposa. En otro sentido, es el comienzo de un camino largo y duro. El cristiano no es sencillamente una nueva persona, sino un recluta en el ejército de Dios. Cuando damos el paso trascendental de llegar a ser cristianos, aceptamos un nuevo estilo de vida. Nos unimos a la contraofensiva que Jesús comenzó con la extraña victoria que logró en la cruz.

Hubo un tiempo en que algunos cristianos tomaban esta idea de guerra de una manera muy literal. Con frecuencia pensaban que la mejor manera de contribuir a la obra de Cristo consistía en marchar con las Cruzadas a sacar a los paganos de la ciudad de Dios, Jerusalén. Desafortunadamente, estas acciones con mucha frecuencia dieron como resultado un baño de sangre, pero ningún progreso real en la guerra sobrenatural. Pablo nos dice muy claramente en su Epístola a los Efesios:

> No tenemos lucha contra sangre y carne, sino contra principados, contra potestades, contra los gobernadores de las tinieblas de este siglo, contra huestes espirituales de maldad en las regiones celestes.
>
> Efesios 6:12

En esta clase de guerra, las espadas y las ametralladoras son inútiles. Necesitamos una clase diferente de armas, en la cual las mejores defensas están en la bondad moral y la fe firme en Dios. Estas son las únicas armas que pueden hacer frente a la clase de balas que es probable que el diablo nos dispare. Y en su mayor parte, esta batalla se libra al nivel sobrenatural. Hay cuatro tipos de conflicto: la oración, el estilo de vida, la evangelización y la liberación.

La oración equivale al aparato emisor y receptor de radio. Es la que mantiene al cristiano en contacto con la base. Por medio de ella, puede informarle a Dios acerca de las dificultades que está enfrentando, pedirle ayuda, y darle gracias por el apoyo que está recibiendo. Es una fuente de fortaleza y guía, especialmente cuando un grupo de cristianos se apiñan en torno al aparato juntos. Pero aún más, la oración, aplicada constantemente, puede influir en el curso de los sucesos. Los cristianos pueden pedir sanidad, empleo, el bien para su nación, auxilio para los pobres del mundo y desvío de los desastres naturales. Es un trabajo arduo y necesario. Cualquiera que haya tratado de orar sabrá cuán difícil puede ser la oración. El diablo utiliza todos sus recursos para impedirla, así que uno tiene que aplicarse. Algunos de los cristianos más famosos, como Agustín, Lutero y Wesley, pasaron horas de rodillas. La oración es definitivamente una forma de batalla.

El estilo de vida también lo es. El cristiano es una persona completamente nueva, que vive con una mente y un cuerpo acostumbrados al antiguo régimen. Tal vez haya nacido de nuevo, pero los antiguos hábitos aún lo persiguen. Se halla fuertemente tentado a practicar todas las actividades rebeldes que hemos examinado en este capítulo. Está acostumbrado a ellas, aunque ya no constituyen parte de su verdadero ser. Pablo enseñó que todo cristiano tiene una "naturaleza vieja" y una "naturaleza nueva". Son como mudas de ropa. La ropa vieja ya no le queda bien. Tiene que quitársela. Tiene que vestirse conscientemente con la nueva, la cual luce muy bien con su nueva condición. En este caso, el diablo también tiene interés en resistir este cambio. Bajo su dirección, los viejos hábitos persisten verdaderamente. Y, aunque no podemos echar a Satanás la culpa de nuestros fracasos, es indudable que él pone tentaciones en nuestro camino. Cuando adoptamos un nuevo estilo de vida, usamos el mismo poder que tenía Jesús cuando se encontró con el diablo en el desierto, y peleamos del mismo modo, hasta vencer a nuestro adversario.

La evangelización no significa otra cosa que la comunicación de las buenas noticias. Los cristianos somos mensajeros enviados a demostrar que Cristo es la buena noticia para la raza humana. Pablo, en una carta a los corintios, los describe como embajadores. Constituyen cierta clase de misión diplomática de paz para sus amigos y vecinos, a fin de comunicarles que Jesús está enderezando a este mundo torcido, ofreciendo perdón a los malhechores, sanando las relaciones quebrantadas, dando libertad a los que son cautivos de la tristeza y la depresión, dando nueva vida a los cansados y solitarios. En pocas palabras, los embajadores les dicen que Cristo está deshaciendo las obras del diablo. Eso, por supuesto, es un buena noticia para todos, menos para el diablo. Él emplea todos los medios que tiene a su disposición para asegurarse de que nadie la oiga. Tal vez tengamos la razón al considerar el ateísmo y la represión política como consecuencias naturales del pecado humano; pero es cierto, desde el punto de vista bíblico, que son fomentadas por las "huestes espirituales de maldad". El diablo es un firme partidario de cualquier cosa que impida que el cristiano hable, o que produzca cinismo en sus oyentes.

Pero el control del diablo sobre algunas vidas humanas es aún más directo. Si una persona se extravía demasiado hacia las más flagrantes prácticas no cristianas, como el espiritismo, el satanismo o la brujería, puede alinearse tan vigorosamente con las fuerzas rebeldes que éstas son capaces de infiltrarse en la mente y el cuerpo de dicha persona. La palabra bíblica para este estado se podría traducir *demonización*. Por lo general no quiere decir que la víctima llega a ser una máquina impotente, incapaz de controlar sus propias acciones. Algunas veces la persona endemoniada sencillamente se siente incómoda, como si otra persona estuviera con ella en el cuarto, cuando en realidad se encuentra sola. En la mayoría de los casos, como sucedió en el mío, la *demonización* es algo entre los dos extremos: una invasión parcial de personalidades malignas que ejercen cierto control sobre su anfitrión, pero no lo dominan por completo. Estas personalidades no son personas muertas; son secuaces del diablo, ángeles menores que se unieron en su rebelión. El Nuevo Testamento los llama "demonios".

La *demonización* no es un desorden psiquiátrico, aunque frecuentemente se confunden las dos cosas. No la cura ninguna cantidad de terapia electroshock, ni de antidepresivos, ni de hipnosis, ni de psicoanálisis; así como ninguna de estas cosas puede expulsar un hueso de pescado que se haya quedado atrapado en la garganta. La única manera de curar al demoniaco consiste en deshacerse de los demonios. Este tratamiento se conoce popularmente con el nombre de exorcismo; pero es mucho mejor llamarlo liberación. ¿Por qué? Porque echar fuera los demonios no es una operación clínica, que depende de la técnica y de la habilidad del practicante: es una cuestión de autoridad espiritual. No hay oración, ni fórmula, ni figura geométrica, ni símbolo, ni incienso, ni encantamiento que haga mover un centímetro a un demonio. Eso sería como usar trucos de conjuración como medios para entrar en el Kremlin. La única manera de sacar a un demonio consiste en mantenerse firme en el poder y la autoridad de Aquel que ha derrotado decisivamente las fuerzas del diablo: Jesucristo.

Aquella noche en Watford, Williams no recitó una fórmula mágica, ni le pidió a Dios sanidad, ni una victoria vaga y general sobre las fuerzas del diablo, como lo habían hecho otros cristianos. Se dirigió directamente a los demonios, como un guerrero de Cristo: "Ordeno que salga de este hombre todo espíritu maligno, ahora mismo, *en el nombre de Jesucristo.*" No empleó ese nombre de manera supersticiosa; habló con el respaldo de todos los poderes del cielo. Les estaba diciendo oficialmente a los demonios que salieran, pues el lugar que estaban ocupando ya no les pertenecía.

Dos cosas muy importantes hay que tener en cuenta aquí. En primer lugar, la persona que ejerce el ministerio de liberación tiene que ser cristiana. No puede ser sencillamente un creyente en Dios, ni una persona que tenga mucha fe, ni sólo un exorcista. Sólo el cristiano tiene la autoridad que el diablo está obligado a respetar. Y no todos los cristianos deben emprender la liberación con liviandad, pues la liberación es un asalto muy directo y brutal contra Satanás, el cual opondrá feroz resistencia. El cristiano debe ser un maduro y devoto siervo de Dios.

La segunda cosa se relaciona con el endemoniado. Recordemos que no hay terreno neutral en la guerra espiritual. Ser una persona común y corriente, o un agnóstico, equivale en realidad a morar en la periferia del reino de Satanás. Tal vez él no visite con frecuencia la periferia, pero aún así le pertenece. De ahí se deduce que la persona liberada no puede volver a su antigua vida irreligiosa. Ha sido liberada, y si no ha de caer otra vez bajo el poder de sus raptores, tiene que unirse a sus libertadores. En breves palabras, tiene que llegar a ser cristiano. Por eso es completamente inútil el exorcismo de tipo popular. La persona a la cual se aplica esa clase de exorcismo lo que hace es cambiar un arte diabólico por otro. Sencillamente está mudándose de un campo de concentración a otro.

Con eso no estamos diciendo que ser cristiano es fácil, bien sea que usted llegue a Jesucristo procedente del espiritismo, o simplemente de la apatía. Para el diablo, ese es un paso que usted ha dado en la dirección equivocada; por lo tanto, hará cuanto pueda para desalentarlo y aterrorizarlo. La mayoría de los cristianos probablemente estarían de acuerdo conmigo en que la vida se les volvió más dura, no más fácil, a partir del día en que se convirtieron a Cristo. Al mismo tiempo, esta nueva vida que Jesús les da a sus seguidores es sorprendentemente rica y satisfactoria. No hay escaramuza con el diablo, en la liberación o en la tentación, en la cual ellos no tengan poder para vencer.

Aquel día en que buscaba a Jesús en Londres, me hubiera parecido increíble el siguiente consejo que dio Santiago a los cristianos: "Someteos, pues, a Dios; resistid al diablo, y huirá de vosotros" (Santiago 4:7). Eso fue exactamente lo que el diablo tuvo que hacer delante de Jesús en el desierto, y es lo que tiene que hacer delante de los cristianos hoy. El hecho es que con Jesús, estamos en el lado de los victoriosos. Vendrá el tiempo en que serán recogidas las fuerzas rebeldes que hace mucho tiempo fueron arrojadas del cielo, y los malos de este mundo serán sometidos a juicio. Hasta entonces, si usted es cristiano, está empeñado en una guerra, rescatando a hombres y mujeres de la garras de los rebeldes. Tal vez Dios lo coloque a usted, como lo hizo conmigo, en aquella clase particular de trabajo en que es necesario confrontar y echar fuera espíritus malignos. Pero esa es sólo una parte de la batalla; hay mucho más.

¿Y si usted no es cristiano? En ese caso, confío en que este libro le haya ayudado a estar enterado de las dimensiones del conflicto espiritual que ruge invisible dentro de este mundo. Tengo que repetir que, cuando yo era adolescente y ponía atención al estimado señor Hartley, nunca tenía una idea clara de lo que era el diablo. Por alguna razón, no me parecía que era importante. Y sin embargo, reflexionar sobre el diablo es reflexionar en preguntas de importancia cósmica, y no menos en la naturaleza y origen del mal que tanto se ha extendido en nuestro mundo. La raza humana ha llegado a ser un campo de batalla sobre el cual están encerradas en combate mortal las fuerzas del bien y del mal. En un sentido, entonces, somos el botín que le corresponde al ganador, y tenemos muy poco que decir con respecto al transcurso general de los sucesos; sin embargo, en otro sentido, decidimos el resultado. Cada uno de nosotros se halla en una pequeña parte del campo, y en nuestro territorio, esa decisión nos corresponde en gran parte a nosotros. Puesto que este es el caso, en lo que tiene que ver con usted como individuo, el problema se resume en una declaración sencilla: el diablo quiere su alma.

¿Va a entregársela?